小工匠
大智慧

交通建设工程金点百项

浙江交投交通建设管理有限公司 主编

人民交通出版社股份有限公司
北　京

图书在版编目(CIP)数据

小工匠　大智慧：交通建设工程金点百项 / 浙江交投交通建设管理有限公司主编. — 北京：人民交通出版社股份有限公司，2022.8
ISBN 978-7-114-18114-6

Ⅰ.①小… Ⅱ.①浙… Ⅲ.①高速公路—道路建设—浙江 Ⅳ.①U412.36

中国版本图书馆CIP数据核字(2022)第135786号

Xiao Gongjiang Da Zhihui——Jiaotong Jianshe Gongcheng Jindian Baixiang

书　　名：	小工匠　大智慧——交通建设工程金点百项
著 作 者：	浙江交投交通建设管理有限公司
责任编辑：	牛家鸣
责任校对：	赵媛媛
责任印制：	刘高彤
出版发行：	人民交通出版社股份有限公司
地　　址：	(100011) 北京市朝阳区安定门外外馆斜街3号
网　　址：	http://www.ccpcl.com.cn
销售电话：	(010) 59757973
总 销 售：	人民交通出版社股份有限公司发行部
经　　销：	各地新华书店
印　　刷：	北京市密东印刷有限公司
开　　本：	787×1092　1/16
印　　张：	14
字　　数：	136千
版　　次：	2022年8月　第1版
印　　次：	2022年8月　第1次印刷
书　　号：	ISBN 978-7-114-18114-6
定　　价：	138.00元

(有印刷、装订质量问题的图书由本公司负责调换)

《小工匠 大智慧》

审定委员会

主　　任：叶　楠　陈继禹
副 主 任：邱兴友　方明山　杨　洲　黄决革　吴华宾

编写委员会

主　　编：陈　翔
执行主编：伍建和
副 主 编：许建兴　韩成功　陈　磊　郑康康　俞翌立
编写人员：俞腾翔　胡慈波　王乾宏　叶长运　吴　香
　　　　　姚贵帮　宋浙安　吕继平　王呈豪　胡海亮
　　　　　王　寅
策　　划：俞翌立
统　　筹：俞腾翔　林　木
编　　辑：林　木　李晓玉　卢衍羽
设　　计：赖以希

从"金点百项"读出"工匠智慧"

从改革开放富国梦的觉醒,到新时代交通强国梦的呐喊,浙江交通人,从未放慢脚步;时代工匠者,从未停止创新。

古往今来,创新一直是社会发展的不竭动力,劳动人民勤劳的双手和智慧的大脑是创新的最大来源。中国工匠,这个庞大的群体,在不断地改变中国,改变世界。

"工匠精神"连续几年列入我国政府工作报告,行业建设者们用实践不断深化工匠精神的内涵——敬业、精益、专注、创新;认真、顶真、较真;智慧创新、铸造完美。

以建党百年为新起点,在建设交通强国、打造平安百年品质工程的当下,智慧的产业工人正在扮演越来越重要的角色。

新时代,大工程的使命不仅是逢山开路遇水搭桥,更要为建设者们提供一个传承与创新的土壤,培育出更多大国工匠,凝聚出更多工匠智慧。浙江省在建的杭绍甬高速公路是首条全线按照智慧高速要求建设的高速公路,这里,是工匠们展示拳脚的大好舞台。在这个舞台上,有亚洲最大预制梁场、新一代智能钢筋加工生产线、国内首创智能机器人安全官等先行理念,有建设者倾心构建的班组作业标准化、场地硬件标准化等品质标准化建设,有产业工人学堂、工匠讲师等高阶培育计划,而承载这些"高大上"的,是来自一线工人的小发明、小革新、小创造、小设计、小建议,正是这些"匠心智造",驱动工程提质增效、创新变革,成就了传统的农民工向产业工人的转型升级。

匠心智造是杭绍甬高速公路的核心精神,具有哪些特质和基本规范、如何打造战略体系、锻造匠心文化,是本书讲述的重点内容。本书通过挖掘杭绍甬高速公路近100项"金点子"背后的工匠故事,记录下他们如何将脑海中的火花转变成现实中的光芒的过程，以期描绘新时代浙江产业工人的风采，形成首本以一线工地创造者展现"工匠智慧"的书籍，供相关行业内人士参考和交流。

　　这些工匠们，或是灵光乍现，创造了新时代梁场智慧化运作方式，将"自动化采集数据"和"工厂流水线施工管理"有机结合，解决了梁板生产追溯难、规划难、找梁难的问题；或是量体裁衣，设计高空作业安全母绳，推广到各类高空作业工点中，解决高空作业安全问题；或是革故鼎新，在原有的钢筋定位装置上制定统一的标准并全线推广，以保证外露钢筋间距准确，线性美观；或是另辟蹊径，给原监控设备戴上"智慧"的头冠，实现工地 24 小时 AI 智能安全巡查……我们将这近 100 项"金点子"汇集成册，是对杭绍甬高速公路项目建设实践成果的总结，更是"抛砖引玉"，期待更多的小创新、大智慧。

　　雄关漫道真如铁，而今迈步从头越。在铸匠心、塑匠人、炼匠艺、筑匠魂的漫漫征程上，我们一直在努力、在探索、在前行。

浙江交投交通建设管理有限公司

董事长、党委书记

2021 年 12 月

目 录

第一章　灵光乍现 …………………………………… **002**

王海峰：灰土拌和站钻渣利用………………………………… 004
柴世财：移动底模梁板竖向支撑系统………………………… 007
　　　　龙门吊轨道防脱空装置………………………………… 008
焦沈阳：可移动盖梁二次张拉平台台车……………………… 010
宁学正：梁板吊装全封包底托………………………………… 012
　　　　可翻转龙门吊型钢挡板……………………………… 014
徐志红：盖梁平台自动喷淋系统……………………………… 016
　　　　用电智能终端………………………………………… 018
叶卫东：团雾检测仪预警系统………………………………… 020
　　　　波形钢腹板一体化压制技术………………………… 022
　　　　钢筋加工厂无线布控技术…………………………… 024
许国泰：新一代全自动焊接机器人…………………………… 026
　　　　钢筋抓取机器人……………………………………… 028
冯炳森：钢筋骨架定位四件套——…………………………… 031
　　　　腹板钢筋定位卡槽…………………………………… 032
　　　　底板钢筋定位卡槽…………………………………… 033

　　　　　顶板钢筋定位卡槽···034

　　　　　横隔板钢筋定位架···035

　　　　　智慧存取梁系统··036

　　　　　新一代预制梁板流水线··038

李齐海：防坠落支撑架···042

　　　　　钢筋分隔仓··044

　　　　　工具摆放分类格···046

游建成：电动混凝土磨光机···048

　　　　　钢丝扫毛扫把··050

第二章　革故鼎新···054

高福伟：剪力筋定位小车··056

　　　　　顶板水平筋定位小车··058

　　　　　气保焊机机头小车··060

王刘阳：跳板踏步一体式登高平台··062

　　　　　新式降水井防护盖··064

庄华锋：侧墙、中隔墙一体式作业平台····································066

程俊坤：改装旋挖钻……………………………………………… 068
韩成功："声光报警"电子围栏…………………………………… 071
虞　艇：钢筋加工平台移动式防护棚…………………………… 072
　　　　卧式水泥罐………………………………………………… 074
陈　翔：智能机器人安全官……………………………………… 076
伍建和：AI 视频智能识别系统…………………………………… 078
　　　　模块化立柱施工高空作业平台………………………… 080
许国泰：桥面板智能养护棚……………………………………… 082
　　　　料仓骨料检测状态指示灯……………………………… 084
　　　　智能液压模板端模液压系统…………………………… 087
　　　　梁板蒸汽养护…………………………………………… 088
胡慈波：二次张拉平台…………………………………………… 090
俞腾翔：工地远程视频监控系统………………………………… 092
　　　　1 + 1 + N 智慧安监系统——………………………… 094
　　　　　　综合安全管理平台………………………………… 094
　　　　　　数据处理展示中心………………………………… 094
　　　　　　N 项 AI+ 物联网应用模块 ……………………… 094

第三章　另辟蹊径 ·· 100

吕　洲：一站式培训基地······································· 103
　　　　产业工人智慧化综合系统······························ 104
姚贵帮：贝雷桁架专用吊具····································· 106
　　　　超限车辆预警系统···································· 108
　　　　涉高压电预警系统···································· 110
伍建和：安全母绳·· 112
　　　　施工现场的氧气瓶防护罩······························ 114
胡慈波：登高车作业平台······································ 116
张裕哲：泥浆池一体化多功能施工平台··························· 118
姜　亮：起重机超高限制警报器································· 120
　　　　智慧安全帽·· 122
吴柏茂：纵向水平筋定位挡板、盖筋水平筋定位挡板················· 124
冯　刚：翼板钢筋挡板·· 126
　　　　变换箍筋一体箱······································ 128
王银徐：横隔梁钢筋挡板······································ 130
　　　　钢筋骨架定位装置···································· 132

　　　　　模板小工具箱…………………………………………… 134

吕继平：智慧混凝土拌和系统………………………………… 138

　　　　　轨道龙门吊遥控器人脸识别设备……………………… 140

　　　　　三级配电箱人脸识别设备……………………………… 142

郑仲华：移动液压模板滑轨式端部侧模……………………… 144

李　季：北斗定位特种车辆防外破监管系统………………… 147

戚国海：盲区监控系统………………………………………… 148

第四章　量体裁衣 …………………………………… **152**

宋浙安：安全母绳系列装置—— ……………………………… 154

　　　　　单立杆式安全母绳……………………………………… 156

　　　　　套管式安全母绳………………………………………… 158

　　　　　U 形立杆式安全母绳…………………………………… 160

　　　　　U 形卡槽式安全母绳…………………………………… 162

　　　　　工地电线架空支架……………………………………… 164

吴宇奔：预制 T 梁二次养护棚………………………………… 166

　　　　　移动台座梁板抗位移挡板……………………………… 168

吕　洲：液压模板专用通道改良 …………………………………… 170

孙九龙：智能物料验收系统 ……………………………………… 172

陈一才：限高防护棚 ……………………………………………… 174

韩成功：可折叠挂篮施工平台 …………………………………… 176

方庆林：可拆卸式简易水马 ……………………………………… 178

叶丁盛：多功能张拉挡板 ………………………………………… 180

　　　　厂区语音播报系统 ……………………………………… 182

虞天明：立柱制作施工平台 ……………………………………… 185

袁建富：承台钢筋笼制作平台 …………………………………… 188

权永泉：梯笼基础混凝土预制板 ………………………………… 190

朱江洋：洒水车前置自动冲洗装置 ……………………………… 192

程晓明：钢筋总根软件 …………………………………………… 196

胡慈波：高空作业工点设置专门清理区 ………………………… 198

王　寅：龙门吊超声波防碰撞装置 ……………………………… 200

彭　洁：交叉路口安全信号感应灯 ……………………………… 202

赵建富：顶板端部钢筋定位装置 ………………………………… 204

吕　洲：桥面系施工可移动防雨/遮阳棚 ……………………… 206

LING GUANG ZHA XIAN

第一章
灵光乍现

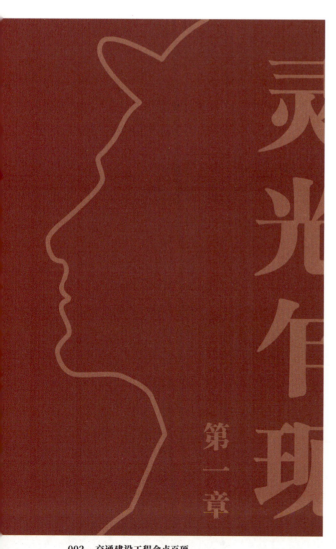

小工匠　大智慧　交通建设工程金点百项

拥有丰富的想象力是成为一个优秀创新型产业工人的前提。很多创新都源自脑海中的那灵机一动，只有不断培养、发挥、锻炼自己的想象力，才能够在工作中更容易激发灵感，从而抓住更多创新的契机。

创新人：王海峰

年　龄：43岁
籍　贯：浙江绍兴
职务/岗位：路基一队负责人

金点子：
灰土拌和站钻渣利用

◎ 现状

杭绍甬项目全线桥梁工程占比达到95%，钻孔灌注桩9215根，总计钻渣量约432.7万立方米。正常钻渣处理需要将钻渣堆弃在弃渣场内，同时，在转运和存储过程中容易发生环保问题，而且转运堆放成本较高。

工匠"智"述

项目刚开工时,钻渣时常未能及时清运,在施工场地随意堆放。特别是多工点同时作业时,钻渣清运周期更长,堆放点不易寻找,而且转运过程中也存在泄漏、外泄等环保问题。如今环保问题越来越受重视,这使我思考如何便利有效的处理钻渣。我便向技术人员"取经",发现可以将钻渣通过灰土拌和站改良后生成用于道路路基填筑的灰土。这不仅可以解决钻渣转运污染环境的问题,而且能将钻渣资源化利用并降低经济成本,一举两得。在实际生产过程中,钻渣改良的灰土路基填筑比传统宕渣基础填筑的施工便道效果更好。

创新成果总结

灰土拌和站钻渣利用,具有便捷、环保、经济等优点,与传统集中堆放钻渣相比较,人工和机械费用计算成本大大减少。同时能有效避免钻渣在转运过程泄漏、外泄到施工现场之外的环保问题。本研究还获得了湖南科技大学的技术支持,目前已在杭绍甬高速公路全线推广。

创 新 人：柴世财

年　龄：52 岁

籍　贯：浙江衢州

职务/岗位：工区主任

◎ 现状

移动底模行走时，梁板容易移动，可能会造成一定的损耗。

金点子：
移动底模梁板竖向支撑系统

工匠"智"述

预制T梁竖向支撑杆利用最简单的支撑原理，用一根固定杆给予梁板竖向支撑。移动台座设置多个支撑杆固定底座，根据梁板长度调整支撑杆位置，满足不同长度梁板的支撑要求。

◈ 创新成果总结

该支撑杆造型简单，安拆便捷，在移动底模行走时给予梁板竖向支撑，增强梁板稳定性，且无须对底模板增加额外的支撑装置，这样就节省了支撑系统的材料消耗。

金点子：龙门吊轨道防脱空装置

创新人：柴世财

◎ **现状**

龙门吊十字交叉轨道容易发生脱空等情况，有一定的安全隐患。

工匠"智"述

龙门吊一直是我们施工常用的大型设备，它的安全系数相当重要。而十字交叉轨道又比较容易脱空，我们就将它设置了防脱空装置。龙门吊支腿前端设置小轮沿轨道滑动，当前方脱空时，小轮受重力影响自动坠落，激发龙门吊自停信号，确保龙门吊运行安全。

创新成果总结

该装置可消除十字交叉轨道脱空的安全隐患，提高龙门吊行走安全性。

创新人：焦沈阳

年龄：46岁

籍贯：江苏徐州

职务/岗位：协助队伍管理人员

金点子：
可移动盖梁二次张拉平台台车

◎ 现状

目前用于盖梁二次张拉的操作平台，均需要在施工现场制作，普遍存在现场制作耗时、焊接困难、结构质量难以保证、不能多次投入使用等问题。为满足不同尺寸盖梁二次张拉施工需要，急需一种能够现场组合装配、承载力高、可调节、可移动、安全可靠的盖梁二次张拉的操作平台。

工匠"智"述

传统的盖梁二次张拉平台对于时间、人力和经济投入的需求都比较大,而且工人对二次张拉平台的焊接、固定存在敷衍了事的情况,这也使张拉平台存在安全隐患。为此,我想起可以采用移动式平台来解决每次都需要焊接、固定的问题,便查阅相关资料,发现可以使用移动平台衔接张拉平台,以达到一次组装多次施工的目的,这大大节省了时间、人力和经济投入,同时也能消除每次焊接平台带来的安全隐患,只需定期保养维护即可。此外,我们还为二次张拉平台台车配备配重块、缆风绳,以维持张拉平台侧的拉力从而达到稳定的目的,确保二次张拉平台的安全可靠性。

创新成果总结

采用可移动盖梁二次张拉平台台车施工,具有结构稳固、移动便捷、综合成本低、使用安全的优点,与传统的二次张拉平台相比,消除了每次都需要焊接、固定带来的安全隐患,同时也解决了传统二次张拉平台现场制作耗时、焊接困难、结构质量难以保证、不能多次投入使用等弊端。

创新人：宁学正

年 龄：35岁
籍 贯：浙江金华
职务/岗位：班组长

金点子：
梁板吊装全封包底托

◎ **现状**

传统梁板吊装底托容易变形，且防护能力不强，亟须改善。

工匠"智"述

梁板在吊装过程中，非常容易造成安全隐患和大量损耗，因此，我们想改进一下梁板吊装的底托，运用了高强度的钢板来进行制作。

◈ 创新成果总结

相比传统梁板吊装底托,该装置采用高强度钢板加工制作,抗变形能力强,可对梁板底部进行全方位保护。

金点子：
可翻转龙门吊型钢挡板

创新人：宁学正

◎ **现状**

预制场内车辆进出频繁,而龙门吊轨道端头止挡非常影响车辆进出。

工匠"智"述

由于龙门吊轨道端头止挡需求客观存在,因此,我们把止挡进行了改装,让它可以通过整体翻转平躺来临时保障路面平整。

创新成果总结

该装置在不影响龙门吊轨道端头止挡要求的前提下,满足车辆临时通过的要求,不仅保障了施工现场的安全,还为车辆进出提供了安全通道。

创新人：徐志红

年　龄：52岁

籍　贯：浙江建德

职务/岗位：项目部安全科科长

金点子：
盖梁平台自动喷淋系统

◎ 现状

梁板浇筑成型后需要经过一段时间的养护才能达到设计强度。这中间必须保证一定的温度、湿度，我们使用的方法就是喷淋养护。三集中场地已经实现了梁板的智能喷淋养护作业，而现浇箱梁因为在高空又在作业现场，难以实现。通常需要安排几个水箱，通过人工灌水，再喷淋至梁板，4个小时需要喷淋一次，这需要工人反复上下平台保证水量充足。

工匠"智"述

如何实现类似三集中场地中梁板自动养护装置搭设呢？在梁板浇筑之后，安装一排喷淋灌头，实现喷洒；同时吸取三集中场地经验，设置手机端 App 系统，远程控制水量开关和时间；也可根据天气情况设备喷淋时间，保持梁板湿润。

创新成果总结

盖梁平台自动喷淋系统使用后，现场箱梁的养护也能实现三集中场地梁板养护的品质，在保证工人安全的基础上，实现品质工程的加码。

金点子：用电智能终端

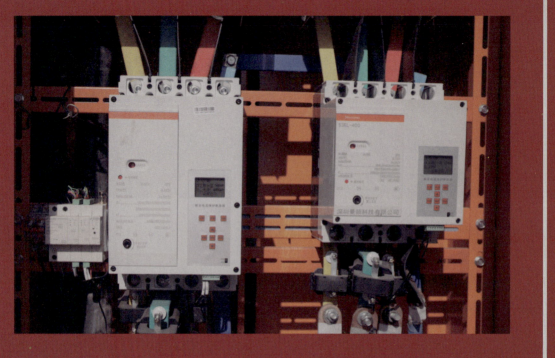

创新人：徐志红

◎ 现状

杭绍甬项目中，施工现场桩基钻孔、三集中场地内的钢筋笼制作、梁板养护等大小设备，均需要用电，大大小小 20 多处电箱需要定时进行逐一的检测，保证用电安全，费时费力。关于电压超负荷、漏电等可能发生的安全隐患也无法及时察觉。

工匠"智"述

项目上所有用电开关都需要在现场进行操作,是否有漏电情况的发生也需要现场检测,费时费力而通过手机 App,则可以显示现场用电量、温度是否过载、漏电是否发生。

创新成果总结

通过手机 App 直接操作电箱的开关。2021 年 7 月,面对台风"烟花"带来的持续降水考验,施工现场所有的电箱都实现了远程一键操作,方便快捷,既保证了用电安全,又保障了工作人员的人身安全。

创新人：叶卫东

年　龄：39 岁
籍　贯：浙江金华
职务 / 岗位：项目执行经理

金点子：
团雾检测仪预警系统

◎ 现状

团雾是交通气象中对安全影响较大的因素之一，而曹娥江大桥所处的曹娥江江面团雾频发，船只碰撞的风险较大。

工匠"智"述

团雾是不可避免的气象，由于曹娥江通航的需求，航道无法封闭。为确保安全，我们在大桥上每隔800米设置一个能见度仪，打造雾区诱导警示系统，能够即时准确发现桥面任何区域出现的团雾，并联动后方1~3公里范围内情报板、智能指示标以及导航运营商发出团雾距离预警信息，能有效避免施工过程中船只碰撞的风险。

◆ 创新成果总结

通过设置团雾能见度仪和联动情报板，构建了雾区诱导警示系统，确保施工期安全，并且该设备可延用到项目运营，以确保通行车辆安全。

金点子：波形钢腹板一体化压制技术

创新人：叶卫东

◎ **现状**

曹娥江大桥为波形钢腹板桥,主跨长达188米,刷新了同类型桥梁的世界纪录,对波形钢腹板的要求高。

工匠"智"述

该种桥型是用10～30毫米厚的波形钢板取代50～80厘米厚的混凝土腹板,将钢板与混凝土有效结合起来,发挥各自受力优点,减轻上部结构自重,增加桥梁跨度,结构美观、经济适用。由于曹娥江大桥主跨长达188米,对波形钢腹板的要求相较于同类型桥梁会更高。为了确保精度,我们采用一次压制成型的工艺,专门配置了国内最大sky-5000型重压机并进行适配性改造,实现波形精度控制在3毫米以内。

创新成果总结

通过引入了国内最大sky-5000型重压机并进行适配性改造,实现波形钢腹板一次压制成型,并将波形精度控制在3毫米以内。

金点子：
钢筋加工厂无线布控技术

创新人：叶卫东

◎ **现状**

以往梁场建设，用电布控一直是安全难题，作业人员容易与电气系统直接接触，存在触电风险。

工匠"智"述

我们在三集中场地建设初期就采用无线布控技术，通过将电线预埋的方式实现全场"无线"化，有效隔离人员与电气直接接触，极大降低触电风险，同时使现场"6S"管理得到有效提升，做到"无线化"作业。

◈ **创新成果总结**

三集中场地采用无线布控技术，从源头避免了人员与电气直接接触，极大降低触电风险。

创新人：许国泰

年　龄：39岁

籍　贯：湖北枣阳

职务/岗位：项目经理

金点子：
新一代全自动焊接机器人

◎ 现状

按照常规人力焊接一片梁板骨架，起码需要2个一流工人焊接一整个上午，而杭绍甬项目全线需要预制3.4万片梁板，仅靠人工焊接效率跟不上，品质不可控。

💬 工匠"智"述

按照项目的体量，我们每天最少需要制作18片梁板，高峰期需要实现33片/日的效率，对于人力投入来说是很大的一笔开销，并且也找不到这么多的"老师傅"。为此，我们响应机器换人的号召，引入了与汽车制造"同款"的新一代全自动焊接机器人。该机器人可实现每天焊接梁板骨架8片，减少单个梁板骨架焊接作业人员60%。焊缝的长度、宽度、饱满度等可控制得更为精准，误差可控制在正负1毫米和正负1度，报验合格率可达到100%。一台焊接机器人能顶五个一流的焊接师傅，并且品质更加可控。

◈ 创新成果总结

项目使用的自动焊接机器人能依次进行空间三维定位焊接，确保每一个焊点焊接质量，同时大幅提高焊接效率。一台焊接机器人能顶五个一流的焊接师傅。

金点子：钢筋抓取机器人

创新人：许国泰

◎ **现状**

以往钢筋剪切弯曲机将钢筋加工后，钢筋会掉落到地上，然后由工人一个个将其捡起，码放整齐。每天要码放上千个钢筋半成品，对于工人来说作业强度较大。

工匠"智"述

现在的钢筋加工厂都会使用钢筋剪切弯曲机等机械化设备，操作这类设备往往需要2名工人——1名操作设备，1名捡取钢筋半成品并码放整齐。1台机械每天制作上千个钢筋半成品，对于工人来说作业强度较大。我们吸取焊接机器人的经验，引入了钢筋半成品抓取机器人，仅需要原操作设备手1人就可同时操作2台设备，可减少1名工人作业。

创新成果总结

该钢筋抓取机器人能够有效降低钢筋半成品搬运过程的劳动强度，提高工作效率，钢筋不易变形，能保证安装精度。

创新人：冯炳森

年　龄：28岁
籍　贯：浙江台州
职务/岗位：项目副总工程师

金点子：
钢筋骨架定位四件套——
- 腹板钢筋定位卡槽
- 底板钢筋定位卡槽
- 顶板钢筋定位卡槽
- 横隔板钢筋定位架

工匠"智"述

通过底板、顶板、腹板以及横隔板的定位，确保钢筋间距统一，大幅提升钢筋骨架绑扎精度，加强钢筋骨架整体性。

腹板钢筋定位卡槽

创新人：冯炳森

◎ 现状

腹板箍筋竖向高度较高，在自身重力作用下，容易发生扭曲偏位现象。

◈ 创新成果总结

在腹板四分之三高度增设一道定位卡槽，可加强腹板箍筋绑扎整体刚度，减少箍筋安装扭曲变形现象，确保腹板箍筋定位间距准确。

底板钢筋定位卡槽

创新人：冯炳森

◎ 现状

梁板端部马蹄筋倒角内凹，无法通过两侧卡槽固定，容易造成钢筋间距不均，发生扭曲现象。

◇ 创新成果总结

在底板中线两侧设置定位卡槽，可解决因端部马蹄筋倒角内凹而导致两侧钢筋无法固定的问题。

顶板钢筋定位卡槽

创新人：冯炳森

◎ 现状

顶板钢筋与腹板及模板有所偏差，骨架组合时部分钢筋易出现冲突，影响骨架安装效率。

◇ 创新成果总结

顶板钢筋定位卡槽尺寸与腹板定位以及模板相互匹配，确保顶、腹板骨架组合精度。

● 横隔板钢筋定位架

创新人：冯炳森

◇ 现状

横隔板钢筋悬于腹板两侧，由于自身重力容易弯曲变形，作业人员操作时，无法将横隔板钢筋端部对齐。

◇ 创新成果总结

横隔板定位架可确保钢筋顺直，上下间距统一，同时加强骨架制作时横隔板竖向支撑，防止骨架产生形变。

金点子：智慧存取梁系统

创新人：冯炳森

◎ **现状**

传统存梁采用人工记录方式进行数据更新，容易发生数据偏差以及更新不及时现象，不适合大体量存梁管理。

工匠"智"述

随着数字化管理的不断实行,我们在施工过程中越来越重视智慧建设,现在存梁时只要通过手机"扫一扫"就能将梁板信息录入台座,取梁时输入所需梁板编号即可通过灯带指引至梁板存放位置。

创新成果总结

通过"手持终端 + 灯光指引"方式快速存梁找梁,提高了存梁便捷性和找梁智能性。

金点子：
新一代预制梁板流水线

创新人：冯炳森

◎ 现状

七分部负责项目 T 梁共计 13735 片，体量大，品质要求高，常规的预制梁场无法满足产量需求。

工匠"智"述

我们项目部需要负责预制T梁共计13735片,而工期仅有26个月,是名副其实的时间紧、任务重。目前,国内较为大型的预制梁场日产量不过20片,对于我们项目来说有点吃紧。为此,我们吸取了主通道项目建设时期的经验,对预制场进行了全面的升级。除了常规的机械化设备外,我们将梁板预制的各个环节进行了整理,依托可移动的台座,形成流水线式的生产模式。目前,项目预制场共有33条预制梁板流水线,可实现日产33片梁。

创新成果总结

通过可移动的台座将预制梁板的各个环节串联在一起,形成流水线式生产,大大提高了生产效率,可实现每条流水线日产1片梁的效率。

创 新 人：李齐海

年 龄：33岁

籍 贯：河南临颍

职务/岗位：钢筋工

金点子：
防坠落支撑架

◎ 现状

工地上危险因素很多，钢筋起吊时一般都有一人高，钢筋绑扎后需要入模浇筑混凝土。以前，当出现刹车失灵、门机磨损、钢丝绳损耗、吊具变形等情况时，钢筋非常容易脱落，对施工人员的人身安全造成了极大威胁。

工匠"智"述

一般的钢筋都有 3～4 吨，吊具也有 1 吨，万一其中一个环节出问题就会引起安全隐患，后果不堪设想。因此，为了安全起见，我们做了一个防坠落支撑架，主要用于支撑钢筋，即使钢筋不小心掉落，也让工人有时间逃脱。

◈ 创新成果总结

支撑架对突然坠落的钢筋有缓冲作用，对人员的安全有了一定的保障。同时，支撑架底下安装的万向轮还方便移动，能随时将钢筋运送到各个工区。

金点子：钢筋分隔仓

创新人：李齐海

◎ 现状

工区的钢筋用料很大。以前，工地上的钢筋总是随意成堆堆放，不仅杂乱无章，还容易造成安全隐患。

 工匠"智"述

　　钢筋原材料一捆就有2吨，每捆钢筋都有9米长，直径也有25厘米。因此，我们做了一个30厘米的方缸，作为托盘。每一层钢筋都放置一个10厘米的方缸，让所有的钢筋分层摆放，整整齐齐。

◆ 创新成果总结

　　该分隔仓不仅让钢筋之间分层摆放，避免了钢筋滚落造成的安全隐患，还让钢筋摆放的位置比较统一，节省了许多空间。

金点子：工具摆放分类格

创新人：李齐海

◎ 现状

工地上需要用到的器具很多，不仅有施工工具，还有工人的一些随身物品。以前，这些物品随意摆放在工区里，显得非常杂乱，并且也容易引起一些安全隐患。

工匠"智"述

在现场作业时,我发现工人们经常会找不到自己的东西,于是,我就在钢筋绑扎区做了一个活动棚,工人需要使用的剪刀、锤子、扳手、水杯等物品,可以像超市货架一样分类摆放,一格一格非常方便找放。

◇ 创新成果总结

现有的分类格能让工人把需要用的物品分类放置在里面,查找起来也非常方便。分类格不仅让工区更加整洁美观,也能避免一些安全隐患。

金点子：
电动混凝土磨光机

创 新 人：游建成

年 龄：26岁

籍 贯：浙江建德

职务/岗位：预制厂管理人员

◎ **现状**

以前混凝土收面时会用木抹子和不锈钢抹子做人工收面，这样会造成混凝土表面平整度不高等问题。甚至，如果混凝土较干时，一些石子更是会裸露在外面，非常不美观。

工匠"智"述

该磨光机中间是一个传统电机,在底下装上改造的磨盘,上面配上一个操作长柄。用三种常见的工具,经过我们小小的改进,就能解决不平整的问题。

创新成果总结

现在使用电动长柄的磨光机,让混凝土表面平整度得到了极大的改善,即使混凝土料干时,也能保证顶面磨光的质量。

金点子：钢丝扫毛扫把

创新人：游建成

◎ 现状

以前较为传统的方式是利用类似家用的竹丝扫把扫毛，这样会造成扫毛深度不够、扫毛痕迹凌乱等问题，非常不美观。

工匠"智"述

利用钢丝、胶水、木棍、长柄这些简单的工具,我们自制了钢丝扫毛扫把。

创新成果总结

这把自制的扫把不仅让扫毛变得整齐美观,而且在混凝土表面较干时也能保证扫毛深度。

GE GU DING XIN

第二章
革故鼎新

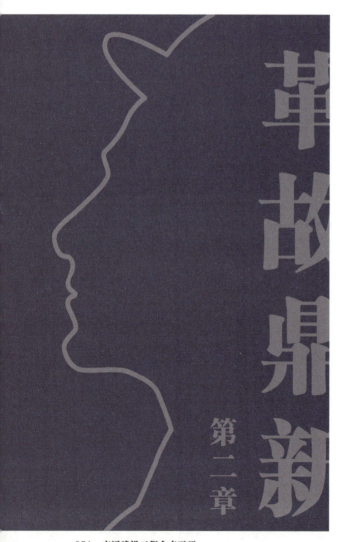

小工匠　大智慧　交通建设工程金点百项

　　革新，就是突破固有模式创造全新模式的过程。匠心，不代表墨守成规。既要传承旧有，也要开创新篇。在专注地打磨中不断突破自身的思维枷锁，不断尝试建立超出常规的准则，才能在工作中实现一个又一个小革新，最终迎来大变革。

金点子：
剪力筋定位小车

创 新 人：高福伟

年　龄：29 岁

籍　贯：河南信阳

职务 / 岗位：钢筋工

◎ 现状

以前没有小车的时候，剪力筋焊接、梁板浇筑后，高高低低、歪歪扭扭，不是很整齐。

工匠"智"述

剪力筋尺寸一般都是13cm×27cm。我们做的小车有定位,剪力筋能够直接跟着定位走,这样就能保证每一根剪力筋的尺寸统一。

创新成果总结

该定位小车既提高了钢筋的外观质量,又提高了工作效率,能保证直线性和平整度,减少偏差。

金点子：
顶板水平筋定位小车

创新人：高福伟

◎ **现状**

以往顶板做完后，整个水平筋看起来不够平直，呈曲线状，且一切全凭工人经验操作。

工匠"智"述

水平筋有 25 米长，要想从这头到那头保持一条直线，确实很难做到。为了解决这个问题，我们做了定位小车，让水平筋跟着定位走，保证其直线性。

🔷 **创新成果总结**

该定位小车保证了水平筋的直线性和平整度，减少了施工偏差，提高了工作效率。

金点子：
气保焊机机头小车

创新人：高福伟

◎ 现状

以前，气保焊机的机头总是会在地上拖来拖去，损耗非常大，并且工人施工很吃力，需要通过不停地拖拽来完成。

>
>
> **工匠"智"述**

考虑到施工质量和工作效率,我们为机头做了小车,让它的移动变得更加便捷。以前半个月到一个月就要换一根焊机主线,现在两三个月都不用换。

◇ 创新成果总结

该小车提高了工作效率,减少了施工器具的损耗,节约了成本。

创新人：王刘阳

年龄：26岁

籍贯：河南项城

职务/岗位：一线安全员

金点子：
跳板踏步一体式登高平台

◎ 现状

主体结构底板施工是主体施工中一项重要施工工序，标志着施工正式进入主体结构施工阶段，这一阶段钢筋工人大量进入。钢筋绑扎进行到底板上层部位，需要工人移动至底板上层，虽然高度只有1.5米，但由于预留钢筋影响踏步的架设，工人直接选择简单的方式徒手攀爬，极易发生安全事故。

工匠"智"述

经过沟通了解，我发现目前使用的踏步的确受到预留钢筋的影响，使用不便。

联想到飞机降落点远离廊桥时，机场会运送舷梯满足下客需要。我结合施工方案，模仿飞机客梯车，在原有踏步的基础上，在踏步下部加设万向轮，便于移动，踏步端头设置合叶式跳板，增加踏步跨度，解决预留钢筋影响的问题。

创新成果总结

解决原踏步第一层钢筋绊脚问题，可使用在不同高度的平台上，改变固定踏步为多点使用型踏步，同时下部使用带闸万向轮增加搬移便利性、稳定性和安全性。

金点子：
新式降水井防护盖

创新人：王刘阳

◎ **现状**

原基坑开挖降水井盖是一块单独的钢板，直接覆盖在降水井上。由于中部悬空，经过施工现场重型载货汽车的碾压，钢板几天内便发生变形，形成一端突起的形态，严重影响了施工运输车辆的行车安全。同时，降水井中会悬挂水泵，由于未提前保留凹槽，悬挂水泵的钢筋直接架在降水井外两端，井盖无法合严实，桩基泥浆、砂石等容易滑落堵塞降水井。

工匠"智"述

为将降水井和井盖搭配使用，利用合页连接，同时参照城市路政井盖，在井盖上预留孔缝，方便打开。还参照桩基施工时钻头开挖架设护筒的方式可以防止外部泥浆涌入，预制井盖时直接连接护筒，护住井壁。在井壁上端预留凹槽，能让水泵的挂设更加方便也更加稳固。

⬙ **创新成果总结**

经过改造，新式降水井防护盖可完全贴合降水井，预留凹槽、孔位又可满足施工要求，且操作便利，同时符合标准化施工的要求。

金点子：侧墙、中隔墙一体式作业平台

创新人：庄华锋

年　龄：31 岁

籍　贯：浙江绍兴

职务/岗位：项目副经理

◎ 现状

南阳隧道全线为深基坑开挖工程，基坑主体结构的侧墙、中隔墙工程占据了一大部分工程量。而现阶段侧墙、中隔墙施工需要使用支架搭设作业平台，一方面支架搭设和拆除危险性较高，作业人员平台设置安全性功能也不尽如人意；另一方面支架往复搭拆，流程烦琐耽误时间，也会影响施工进度和人力物力。

工匠"智"述

想要加快施工进度必须优化侧墙、中隔墙施工工序。其中钢筋绑扎、浇筑施工几乎没有提升空间,根据第一段侧墙施工的经验,我了解到搭设作业平台大有可为。吸取装配式施工和登高车移动作业平台思想,我与主体结构班组技术人员商量、讨论、设计,并联系加工单位制作完成了侧墙、中隔墙一体式作业平台。

创新成果总结

侧墙、中隔墙一体式作业平台除去了临时支架搭设拆除作业内容,同时该平台分两层,每层按照施工高度设置,每3米一节,两端头设置上下通道,可承重5吨,采用活动式连接,便于分开使用,每层内侧设置挑檐便于作业,外侧设置格网防止坠落,下部使用定向轮,每做完一段后可直接移动到下一段使用,大大减少了作业工序,提高了安全性能和施工效率。

创新人：程俊坤

年　龄：32岁

籍　贯：四川南充

职务/岗位：工区主任

金点子：改装旋挖钻

应用后

◎ **现状**

　　由于机场区域限高，施工现场的各种设备设施都不得超高作业，且目前桩基施采用的是工艺较为落后的传统回旋钻。传统回旋钻产生大量泥浆，施工成本增加的同时，安全标准化难以得到把控；而且施工效率也非常低下，垂直度难以控制，平均两天才能完成一个桩基的开挖；工期根本无法保障，质量也得不到保证。而现代化的旋挖钻可以做到1天3～4个桩基的开挖任务，大大提高了效率，确保能在工期内准时甚至提前完成任务。

应用前

工匠"智"述

因地制宜改进施工设备,将旋挖钻杆套增大,杆数增多,通过多次下放桅杆,降低设备高度,满足开挖需求。

◈ 创新成果总结

缩短桅杆长度,从而降低设备整体高度,满足施工需求,同时提高施工效率。

创新人：韩成功

年　龄：30岁

籍　贯：江苏盐城

职务/岗位：指挥部安全处主管

金点子：
"声光报警"电子围栏

◎ 现状

料仓内部环境复杂，人员和车辆同时穿插进出，一不小心极易引起事故。

工匠"智"述

工地上的安全问题往往是我们最担心的。料仓又是一个需要人和机器同时不停进进出出的地方，一旦出现事故，后果不堪设想。于是，我们就想到了用电子围栏来保障安全问题。

创新成果总结

在料仓进出口安装电子围栏，人员、车辆进出时，通过红外感应进出口实时语音提醒，同时铲车内主机同步发出预警，有效保障铲车运行和人员安全。

创新人：虞 艇
年龄：28岁
籍贯：安徽宿松
职务/岗位：项目部机料科科长

金点子：
钢筋加工平台移动式防护棚

◎ 现状

杭绍甬项目的围护机构大部分为地下连续墙工艺，因而钢筋笼焊接制作是重要工序之一。杭绍甬一分部施工地点位于杭州，阴雨天气集中时严重影响钢筋笼制作，若地墙成孔后钢筋笼不能及时下放，会导致塌孔进而影响围护结构质量。

工匠"智"述

经多次讨论研究，决定在钢筋笼加工区设置移动式防护棚，在钢筋笼加工平台两侧铺设轨道，安装可伸缩防护棚。可伸缩防护棚高温时段还可以用于遮阴，同时不会影响钢筋笼吊装。

◈ 创新成果总结
架设移动式防护棚后可有效消除雨季对钢筋笼制作的影响，同时起到人员防暑作用。

金点子：卧式水泥罐

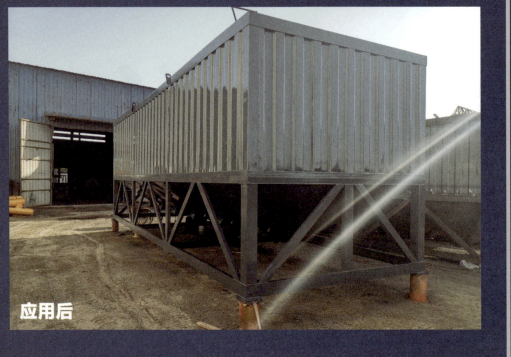

应用后

创新人：虞 艇

◎ 现状

受制于机场限高，杭绍甬一分部施工所需的立式水泥罐高度超高，且由于一分部施工现场位于杭州市区，环保要求高，而超高水泥罐自身灰尘污染大，难以满足环保要求。加之水泥罐高度超高不仅在雷雨天气有吸引雷电的危险，而且在遇到台风等大风恶劣天气时容易倾覆。

应用前

工匠"智"述

传统立式水泥罐主要考虑到可以利用重力效果使顶部水泥回落，减少水泥回潮，而水泥罐车就是缩小版的卧式水泥罐。按照这一思路，项目部专门打造了卧式水泥罐，存储量没有变化。同时，按照目前的施工节奏，水泥箱内存储的混凝土能满足一天的用量，也不必担心回潮等问题。

◈ 创新成果总结

卧式水泥罐更改高度后，仍能保证施工所需用量，同时消除了倾覆危险。

创新人：陈 翔

年龄：46岁

籍贯：浙江台州

职务/岗位：指挥部副指挥

金点子：
智能机器人安全官

◎ 现状

杭绍甬项目全线约53公里，有2个大型预制厂和5个大型三集中场地，占地1300余亩（1亩=666.6平方米），仅靠人力去监管，"跑断腿"不说，还难以保障监管全方位无死角，安全监管"人少事多"是现在行业内面临的一个难题。

工匠"智"述

项目的体量庞大,安全风险高,对安全员的数量以及质量都提出了新的挑战。为了破解这一难题,我们坚持"数字化改革",向智慧要安全,在浙江省内交通建设工程领域首次引入 AI 机器人应用于项目安全管理,并和科技公司共同研发了集智能巡查、人员温度、劳保穿戴、现场人员安全教育培训情况、部分违章行为识别、"6S"、"工点工厂化"布设情况于一体的专用系统,并通过远程操控系统即切换手动遥控、现场喊话等功能,督促现场问题整改,提高现场安全监管效率。

创新成果总结

在浙江省内交通建设工程领域,首次引入 AI 机器人应用于项目安全管理,可自动巡查、远程监控、24 小时监督,使得安全管理智慧化闭环,实现施工现场数字化安全管理。

创新人：伍建和

年　龄：45岁

籍　贯：浙江温州

职务/岗位：指挥部安全处处长

金点子：
AI 视频智能识别系统

◎ **现状**

　　杭绍甬项目全长约53公里，全线有5个大型三集中场地、2个大型预制场、上百个工点、高峰期能有10000名工人，点多、面广、线长、人员多，安全管理难度大。

工匠"智"述

由于项目现场安全管理难度大,特别是工点多、路线长,安全员可谓是"疲于奔命"。若是有些安全员业务水平不过关,对个别安全事故"睁一只眼闭一只眼",则易引起很大安全隐患。虽然我们已经在所有的工点安装了视频监控系统,但几个人员盯几百个画面难免会有"漏网之鱼"。为此,我借鉴了 AI 机器人的 AI 智能识别系统,通过将该系统并入到视频监控系统,能有效识别视频中工人的劳保用品未正常穿戴、吊装区域人员进入等违章行为。相较于 AI 机器人,AI 视频监控功能虽然单一,但不受场地限制,价格上也存在优势,适合全线布控。

◈ 创新成果总结

通过在全线 156 路工点布置 AI 视频智能识别系统,能智能识别工人的违章作业行为,有效地确保工地安全,同时降低了安全员的作业强度。

金点子：模块化立柱施工高空作业平台

创新人：伍建和

◎ 现状

杭绍甬项目有95%路段采用高架桥的形式，存在大量的立柱施工。传统立柱高空作业平台，会采用木板、钢板等临时、简陋的材料，由工人自行搭建，安全风险高。

应用前

工匠"智"述

高空作业一直是安全事故的"重灾区"。作为项目安全管控的重点,特别是大量2～8米的高处作业,往往被施工单位忽视。个别工点为了节约成本加快进度,放任工人采用简易搭建平台的形式进行高空作业。为避免出现这种情况,我们参考乐清湾、主通道项目这类跨海大桥的施工形式,融入装配化概念,将立柱的平台模块化,现场安装便捷,可充分保障工人安全。

创新成果总结

模块化立柱施工高空作业平台能充分保障工人高空作业安全,采用模块化施工安装,安装速度快,可重复施工,经济效益高。

金点子：
桥面板智能养护棚

创新人：许国泰

年 龄：39 岁

籍 贯：湖北枣阳

职务/岗位：项目经理

◎ 现状

高速公路建设项目施工环境极为复杂，现场的施工扬尘、碎土碎渣，不仅会影响周围居民生活，而且不利于现场施工安全整洁地开展。

工匠"智"述

这个桥面板养护棚内包含自动行走电机、智能控制柜以及自动洒水喷头,最主要的功能是可沿着轨道,按照设定的养护频率,实行全自动喷淋养护。

◆ 创新成果总结

全程由计算机控制喷淋时间、全智能控制喷淋、全自动喷淋养护不仅释放了人工压力,更能及时、有效地保证桥面板一直处于湿润状态,为后续架梁工作提供不少便利。

金点子：料仓骨料检测状态指示灯

 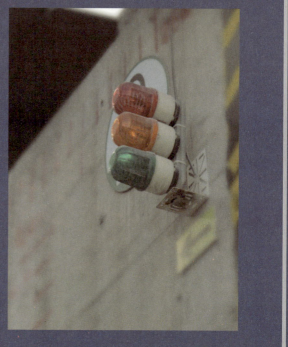

创新人：许国泰

◎ 现状

拌和站骨料仓室较多，待检、已检状态显示不够明显，上料操作时不易区分。

 工匠"智"述

骨料检测结果通过"红、黄、绿"三色指示灯直观显示，引导铲车操作工上料时对骨料的选择。

◈ 创新成果总结

通过灯光指引，确保操作人员准确上料，保证混凝土拌和质量，从源头上控制梁板浇筑质量。

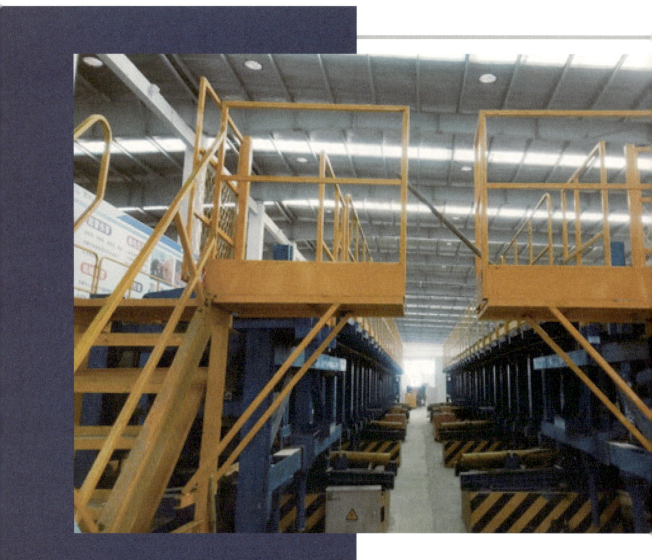

创新人：许国泰

◎ **现状**

传统模板拆模不稳定，容易造成混凝土破损，同时传统模板采用分段拼装工艺，安拆工作面较大，场地略显凌乱。

金点子：
智能液压模板端模液压系统

工匠"智"述

  本项目梁板预制体量较大，如采用传统模板预制，则需要增加200亩土地，不利于土地资源节约。通过项目前期策划分析，采用液压模板+移动台座的生产工艺，可大大提高梁板预制效率，同时侧模液压同步运行，大幅提升了混凝土安拆效率，减少了梁板棱角破损情况的发生。

◈ 创新成果总结

  通过设置液压系统，可使端模快速、平稳地脱离梁体，提高工作效率，同时减少混凝土破损。

金点子：梁板蒸汽养护

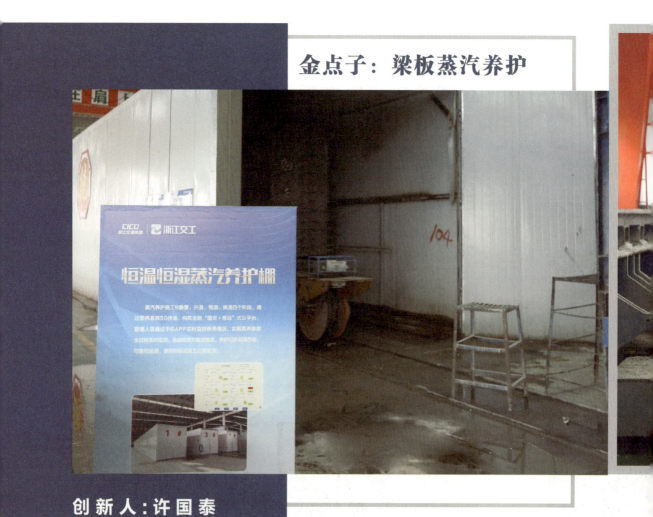

创新人：许国泰

◎ 现状

在预制件的制备过程后期，需要对预制件进行养护，在现有技术中人们常用的是进行洒水不间断的养护，进而保证混凝土的整体强度。工人需要不停洒水，特别是冬季采用人工洒水方式时，就需要人员进行实时跟进，还要根据现场环境实时调整养护方式，如加盖棉席等，当人员监控不及时就会造成混凝土表面的水分过量蒸发，影响混凝土的整体强度以及应力，进而影响预制件的整体使用性能。

> **工匠"智"述**

养护环节因为较为耗时,往往会出现台座和模板闲置率高的问题。我们要打造品质工程,梁板质量是关键,养护是不可或缺的一环,以往人力养护存在作业压力大、缝隙处难以养护到位的情况,监控不及时就会造成混凝土表面的水分过量蒸发,影响混凝土的整体强度以及应力,进而影响预制件的整体使用性能,品质不可控。所以我们引入了恒温恒湿蒸汽养护棚,棚内恒温恒湿能确保梁板品质。

创新成果总结

引入恒温恒湿蒸汽养护棚后,有效降低了工人的作业强度,克服了冬季、昼夜温差大等环境因素的影响,并且通过感应器棚内的温、湿度能自动调节,对混凝土的整体强度以及应力更加可控。

创新人：胡慈波

年　龄：46岁

籍　贯：浙江宁波

职务/岗位：指挥部安全处主管

金点子：
二次张拉平台

◎ 现状

杭绍甬项目全线桥梁工程占比达到95%，需要大量的盖梁预制构件，该构件预制普遍存在现场制作耗时、焊接困难、结构质量难以保证、不能多次投入使用等问题。以往工人为了省力，直接在现场用跳板、架子搭平台的方式敷衍了事，安全更加得不到保障。

工匠"智"述

我们按照新一代桥梁工业化的要求，在施工方案中就明确了项目部需要配置二次张拉平台，并且在平台的基础上，需要克服平台多次拼装的难题。为此，我们深入一线和工人集思广益，将移动平台衔接张拉平台，以达到一次组装即可以多次施工的目的，这大大节省了时间、人力和经济投入，同时也消除了每次焊接平台带来的安全隐患。

◆ 创新成果总结

与传统的二次张拉平台相比，消除了每次都需要拼装带来的安全隐患，同时也解决了传统二次张拉平台存在的弊端，更加确保了作业人员的安全。

创新人:俞腾翔

年 龄:30岁

籍 贯:浙江宁波

职务/岗位:指挥部安全处管理员

金点子:
工地远程视频监控系统

◎ **现状**

杭绍甬项目全线约 53 公里，大大小小上百个工点，而指挥部仅有 8 名安全管理人员，虽然每个工点都配备了相应的安全员，但要实现随时监管依旧存在难度，目前，仅靠人力难以满足管理需求。

工匠"智"述

由于工地的复杂性，作业人员素质参差不齐，特别是部分员工的自我防护意识较弱。想要随时把控工地现场，仅靠人力"跑断腿"是不现实的，也是达不到要求的。我们依托"互联网＋"技术，在各个工点安装了无线视频监控，连接到杭绍甬指挥部工地远程视频监控系统中，随时"监控"工地的同时还能实现实时通信和远程指挥，及时处理应急事件。

◈ **创新成果总结**

通过安装监控视频系统，让工作人员能实时监控工地现场，同时，监控视频对于工人也有警示的作用，让其始终保持警惕，合规操作。

金点子：
1+1+N 智慧安监系统——
- 综合安全管理平台
- 数据处理展示中心
- N 项 AI+ 物联网应用模块

创新人：俞腾翔

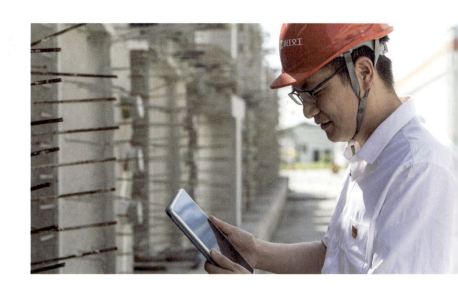

◎ 现状

杭绍甬项目是浙江打造交通强国示范区及大通道建设的标志性工程，一条民众满意的智慧道路，智慧建造是项目最重要的课题之一。当前，高速公路建设面临安全管理信息化系统各自独立运行、信息数据不能共享等问题。

工匠"智"述

当前,高速公路建设面临安全管理信息化系统各自独立运行、信息数据不能共享等问题。对此,指挥部全力打造智慧安监综合安全管理平台,形成"1+1+N"智慧安监体系,即1个综合安全管理平台、1个数据处理展示中心和N项AI+物联网应用模块,实现安全管理线上办理。目前,项目在智慧安监综合安全管理平台的帮助下,众多的设备监管平台有效整合,利用人脸识别、物联网感应等监管手段来实现"定人定设备"的智慧监管。同时还能监控设备运行过程中实现车速、疲劳驾驶、关键结构受力等情况的实时监测预警。

创新成果总结

智慧安监综合安全管理平台最大的优势就是让数据"多跑路",探索科技化手段应用到安全管理工作,提高项目安全监管效率,实现"看得见、管得住、可追溯"的智慧安全监管目标。

LING PI XI JING

第三章
另辟蹊径

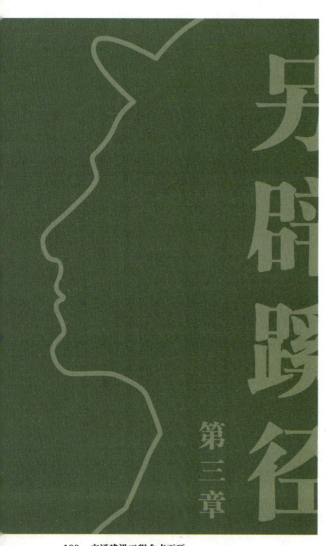

小工匠　大智慧　交通建设工程金点百项

归于传统，更要敢于创新。很多时候，做事情不能一味循规蹈矩。既要有愚公移山的坚守，也要看到另辟蹊径的光明。小路虽小却能阔步前行，反而与新的收获不期而遇。创新落到实践，工人积年累月的经验基础上提出的宝贵建议，有时甚至能成为改变项目命运的关键。

创新人:吕 洲

年 龄:26岁

籍 贯:江苏赣榆

职务/岗位:安全科副科长

◎ 现状

推进新时代产业工人队伍建设改革,全面提升产业工人素质,一直是项目的重要课题之一。

金点子：
一站式培训基地

❝ 工匠"智"述

推进新时代产业工人队伍建设改革，全面提升产业工人素质一直是我们建筑企业想要做好的课题。特别是作为一名"新人"，入场如何快速转变成现代化产业工人是我们的目标。我们利用物联网、云计算、大数据、移动互联网、人工智能等技术，为产业工人构建了安全信息化管理平台，以寓教于乐的一系列高新科技培训，让农民工通过安全教育学习，晋升为"学霸型"现代化产业工人。在工人参观学习的同时，会对产业工人进行认证建档，获得培训、生活与工作为一体的专属身份信息标识。

◆ 创新成果总结

通过物联网、云计算、大数据等手段打造产业工人一站式培训基地，为产业工人构建了安全信息化管理平台，以寓教于乐的一系列高新科技培训，让农民工通过安全教育学习，晋升为"学霸型"现代化产业工人。

金点子：
产业工人智慧化综合系统

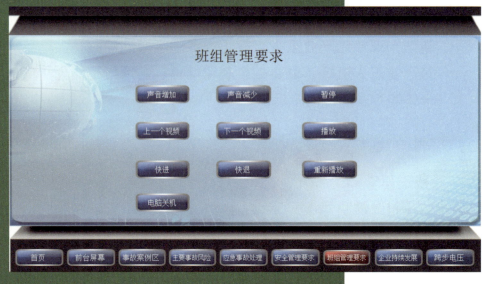

创新人：吕 洲

◎ **现状**

推进新时代产业工人队伍建设改革，全面提升产业工人素质，一直是项目的重要课题之一，而目前行业内暂无一个标准化、具备泛用性的系统。

工匠"智"述

推进新时代产业工人队伍建设改革，全面提升产业工人素质一直是我们建筑企业想要做好的课题。特别是作为一名"新人"，入场如何快速转变成现代化产业工人是我们的目标。为此，我们定制了一个产业工人智慧化综合系统。在能为工人建档的基础上，提供丰富的培训内容，里面涵盖了主要事故风险讲解、应急事故处置、安全管理要求、班组管理要求等产业工人培训计划。值得一提的是，针对项目涉高压线施工区域众多，我们专门设置了跨步电压模块和高压线施工区作业安全模块。

创新成果总结

产业工人智慧化综合系统和一站式培训基地相互联动，利用物联网、云计算、大数据等手段打造出寓教于乐的一系列高新科技培训，让农民工对安全教育学习更加入心、入脑。

创新人：姚贵帮

年　龄：31岁

籍　贯：安徽阜阳

职务/岗位：项目部安全总监

金点子：
贝雷桁架专用吊具

◎ **现状**

　　盖梁支架贝雷片长度长，采用传统的钢丝绳直接吊装无限位装置，易出现失稳倾覆，且贝雷片有棱角、不光滑，易割伤钢丝绳导致磨损断丝，存在较大的安全风险。

工匠"智"述

本实用新型案例提供了一种贝雷桁架组合式吊具,该吊具至少包括贝雷桁架组合梁,贝雷桁架组合梁的两端连接有箱式端梁,箱式端梁的上表面左右对称设置有上吊耳,箱式端梁的下表面左右对称设置有下吊耳。使用时上吊耳和缆载吊机下锚头相连,下吊耳连接试验架的反力梁。该试验吊具采用贝雷桁架作为中间的桁架梁,两端连接箱式端梁,最大限度减少材料用量,大大减少加工成本的同时,贝雷架使用后还可回收利用,减少资源浪费,具有良好的实用性和经济性。

创新成果总结

项目部研制的贝雷桁架专用吊具,可有效避免脱绳事故的发生,操作简便,适应性强,可循环使用,钢丝绳不易损坏,安全可靠。

金点子：超限车辆预警系统

创新人：姚贵帮

◎ 现状

杭绍甬项目穿越红十五线，该路线是萧山区主干道之一，日均车流量约为5万辆，是连接杭州萧山国际机场与传化物流港的必经之路，途经大量货车等超高超宽车辆，一旦货车超限，易发生施工围挡和上方的贝雷架碰撞的风险。

工匠"智"述

红十五线的超限车辆一直是困扰我们安全施工的"心病"。以往会在每个路口安排一名交通督导员,凭借督导员的经验判断途经的大车是否有超限的情况存在,这样不仅对督导员来说存在安全风险,并且工作压力大,提高了项目部人力成本。为此,我们借鉴交通运输部门查处超限车辆的技术手段,在红十五线路口设置超限车辆预警系统,通过 LED 屏,可以有效提醒过往的超限车辆按道行驶,防止碰撞后发生事故。

创新成果总结

涉路施工时超高超宽车辆对施工围挡和上方的贝雷架有很大的安全隐患,通过在交叉路口设置限高限宽的智能预警系统,可以提醒超限车辆按道行驶,防止碰撞后发生事故。

金点子：
涉高压电预警系统

预警系统监控画面

创新人：姚贵帮

◎ **现状**

杭绍甬项目两侧存在大量35千伏以上的高压电线，对于大型机械设备有着严格的限高要求，而在实际作业中，工人往往容易忽视限高区，从而导致安全事故发生。

工匠"智"述

杭绍甬项目两侧高压铁塔有上百座之多，仅二分部横穿项目的高压电线有10余处，每天项目有近百车次的机械设备会路过"交汇处"，万一工人操作不当，将会引发不可估量的安全事故。为此，我们在保护区内安装智能预警系统，一旦有设备越过高压线限高范围即会发出警报，并发送预警短信，方便安全员了解现场情况后及时制止。

创新成果总结

高压线保护区范围内严禁大型设备起重吊装作业，为防止作业人员未按规范作业，项目部在高压线保护区内安装智能预警系统，一旦有设备越过高压线限高范围即会发出警报，并发送预警短信，方便安全员了解现场情况后及时制止，有效确保施工安全。

创新人：伍建和

年　龄：45岁

籍　贯：浙江温州

职务/岗位：指挥部安全处处长

金点子：安全母绳

◎ **现状**

　　作业人员在高空安装分配梁、盖梁垫石浇筑、钢筋作业以及分配梁拆除作业时，均属于高空作业。以往工人嫌悬挂安全绳麻烦，限制行动，对于悬挂安全绳往往应付了事。

❝ 工匠"智"述

由于盖梁作业空间较为狭小，高墩柱作业高度较高，怎样提高人员作业安全是急需解决的关键问题。我们项目有大量的高空作业工作，以往工人嫌麻烦，对于悬挂安全绳往往应付了事，并且每次更换工点都要重新悬挂，限制了工人的行动。为此，指挥部安全处针对梁板、立柱等作业面"量身定制"了安全母绳，工人仅需悬挂一次安全绳就可开展作业，并且安全绳可随工人移动，避免了重复悬挂。

创新成果总结

作业人员在高空安装分配梁、盖梁垫石浇筑、钢筋作业以及分配梁拆除作业时，因人在移动无法固定着系安全带，人员存在高空坠落的风险。项目研发了高空作业安全母绳，既不影响作业，又能让安全带有挂点，保障高空作业安全。

金点子：
施工现场的氧气瓶防护罩

创新人：伍建和

◎ 现状

以往工地上工人在施工过程中为了方便，将氧气瓶等可燃、易爆装置随意摆放，存在安全隐患，特别是工地现场容易发生重物坠落，若焊渣等落至氧气瓶开关处，极易导致爆炸、火焰喷射。

工匠"智"述

氧气瓶等可燃、易爆装置一直是我们安全管理人员要特别照顾的设备。以往工人为了省力，设备用完后就随意摆放，并且摆放位置不统一，也没有防护设施，容易发生事故。我根据"工点工厂化"的要求，在全线工点专门设置了防护罩，给氧气瓶口设置了一个"小罩子"，这样能有效避免重物坠落及焊渣等掉落引起的氧气瓶爆炸、火焰喷射的事故。

◈ 创新成果总结

通过在氧气瓶口设置防护罩，有效避免了工人设备用完后摆放不安全的问题。该设备的推广应用不仅是对"工点工厂化"具体的展示，也是确保项目本质安全的重要举措。指挥部在全线推广该设备，可有效保障氧气瓶安全。

创新人：胡慈波

年龄：46岁

籍贯：浙江宁波

职务/岗位：主管

金点子：
登高车作业平台

◎ 现状

杭绍甬项目全线桥梁工程占比达到95%，存在大量高空作业工点。采用传统搭跳板、搭建架子的方式至少需要2名工人、1天的工时才能完成，并且简易搭建的作业平台其安全也无法保障，耗时、耗力、耗钱又不安全。

工匠"智"述

项目刚开工时,高空作业一直困扰着我们。特别是仅 26 个月的工期,采用搭建脚手架平台的方式工期无法保障,成本也较高。并且项目受到临近机场、高压线密集等条件制约,对高度异常敏感,大型吊篮施工的方式并不适用。有些工人为了便利,随意搭建的脚手架并无安全保障,甚至个别工人会不听劝告,背地里徒手爬上结构物就开始作业,让我心急如焚。彼时,我想起试验检测和养护作业等工程存在大量登高车作业方式,便向其取经,发现目前小型直臂式移动登高车可实现最高 22 米的作业条件,最高荷载达到 350 公斤,恰好适用于我们项目。此外,我们对平台进行了加固处理,并且配备高空安全母绳,进一步确保了作业安全。

创新成果总结

采用移动式登高车作业平台,具有结构稳固、移动便捷、综合成本低、使用安全的优点,与传统脚手架相比较,仅从人工和材料计算,单次作业可以节约成本约 1000 元。同时能有效避免脚手架平台需要搭建和拆除的弊端。

创新人：张裕哲

年　龄：26岁
籍　贯：浙江慈溪
职务/岗位：安全员

金点子：
泥浆池一体化
多功能施工平台

◎ 现状

南阳隧道全线桩基施工点位，施工需要建设多个泥浆池。班组现使用的泥浆泵调节平台操作空间狭小，又因为调节平台架设于泥浆池边缘和中心架空型钢上，导致平台底盘稳定性差，泥浆泵开关箱距泥浆泵距离过长不易操作，电线布设凌乱、雨天易滑等诸多问题，不满足标准化施工要求。

工匠"智"述

作为一名安全人员，每次看到施工人员调节泥浆泵都提心吊胆，生怕平台不够稳定，引起侧翻。同时泥浆池一直是标准化管理的难点，电线牵拉、电箱摆放、泥浆问题多次出现且一直没有改观。为此项目部尝试过在平台加设扶手等方式，但效果并不理想。一次到地连墙泥浆循环区巡查，看到泥浆箱上方安全通道，突发"直接改变施工通道为施工平台，横跨泥浆池"的奇想，这样不仅可以加宽操作空间，同时满足防雨、安全标准化等管理需求。在操作平台一侧放置电箱、工具箱等设施，平台另一侧设置泥浆泵挂设点。

◈ 创新成果总结

泥浆池一体化多功能施工平台，结构稳固，人员操作方便。该平台可架设多台泥浆泵，同时满足多台桩机施工。平台设置吊装点，可方便调运安装。

创新人：姜 亮

年　龄：33岁
籍　贯：浙江江山
职务/岗位：安全科科长

金点子：
起重机超高限制警报器

◎ 现状

南阳隧道 L 至 O 基坑位于机场导向灯光带附近，属于限高区。该区域要求所有施工作业的机械设备和材料不得高于 12 米，限制高度过低致使起重机司机无法准确把握吊臂高度。由于多次的超高作业，空管局为此已对项目部进行警告。

工匠"智"述

对于超高作业的管控，我们从思想意识上入手，通过安全技术交底、召开安全警示会、专项安全教育活动等方式进行思想灌输，但是管控效果不尽人意，超高仍反复出现，后续也采取了通报、罚款等强制性手段，但超高现象依然时有发生。对此我特意向司机师傅询问原因，师傅回答说十几年的施工经验都是下意识举动。既然不能在意识上做文章，那就在设备上下功夫。根据吊车行程限位的原理，对高度进行限制。随后项目为吊车定制了高度限制器，当吊臂达到设置高度后只能向下不能向上，同时警报拉响告知操作人员。

◈ 创新成果总结

通过增加超高限制警报，可有效及时调整超高作业，从根本上解决了超高问题。

金点子：智慧安全帽

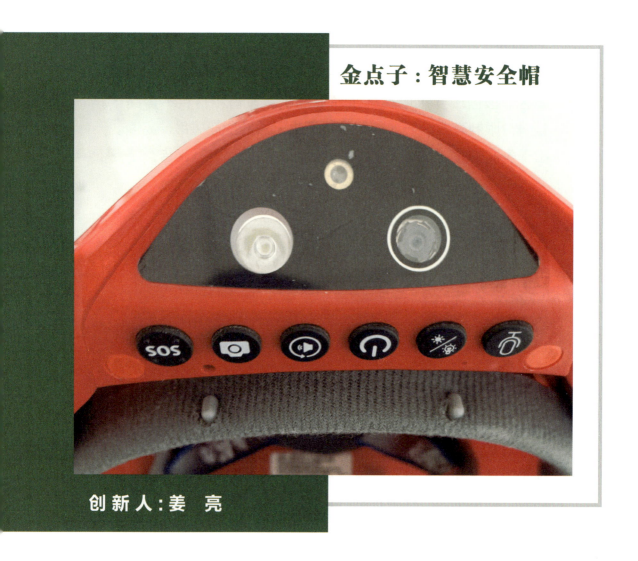

创新人：姜 亮

◎ 现状

在工地现场，人员作业流动性强，难以监管。安全帽能在多数施工伤害中起到保护作用，降低伤亡风险。然而在实际过程中，不戴安全帽、临时脱帽等违规行为时有发生，不仅增加安全员的监管难度，还对工地人员的安全构成威胁。同时管理人员由于无从知晓现场人员分布情况，导致现场人员施工调度、人员安全生产、现场应急指挥通信慢、成本高、管理难的现状。

工匠"智"述

以往一个百来人的工地一年下来能有上千人次的流动，监管一直是个大难题，新来的工人素质参差不齐，而安全帽正确佩戴往往需要工人长期形成的习惯。很多新来的工人时有发生不戴安全帽、临时脱帽等违规行为，不仅增加安全员的监管难度，还对工地人员的安全构成威胁。为此，我们决定利用智慧化手段，在安全帽上加装智能穿戴设备，在规范安全帽佩戴的基础上，获取人员地理位置、作业高度。结合施工平面图，场内人员分布一目了然。

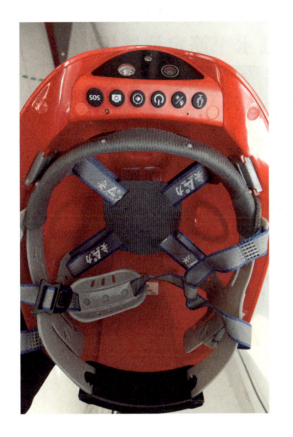

创新成果总结

通过将安全帽与智慧化穿戴相结合，能有效解决工地人员作业流动性强、难以监管的难题，同时能让工人在规范安全帽佩戴的基础上，获取人员地理位置、作业高度。结合施工平面图，场内人员分布一目了然，确保现场安全。

创新人：吴柏茂

年龄：43岁

籍贯：河南潢川

职务/岗位：钢筋工

金点子：
纵向水平筋定位挡板、盖筋水平筋定位挡板

◎ **现状**

以前外露钢筋不够整齐，并且需要工人一个一个丈量长短，再去修整，非常不方便。

工匠"智"述

为了解决这个问题，我们想到了挡头板这个方法。挡头板使用时，放到固定位置，钢筋头紧靠挡头板，做出来的钢筋就会非常整齐。

创新成果总结

挡板的创意不仅提升了外露钢筋的整齐度，还加快了工作效率。此外，在每个挡板下安装的万向轮，还可以方便工人把挡板随时推到下个施工点。

小工匠　大智慧

创新人：冯 刚

年 龄：36 岁

籍 贯：河南信阳

职务 / 岗位：钢筋工

金点子：
翼板钢筋挡板

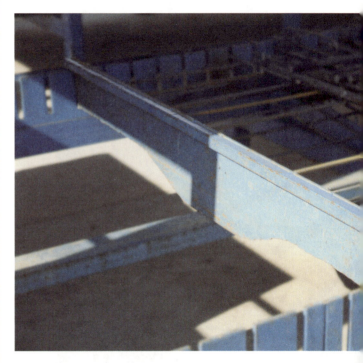

◎ 现状

以往工人在绑扎钢筋时没有参考依据，绑扎好的钢筋经常会参差不齐，容易造成梁板钢筋外露等问题，美观度不佳。

工匠"智"述

考虑到质量和美观度双重需求，我们做了一个隔档挡块，可以把钢筋一直控制在一个固定位置，这样生产出来的钢筋就会非常整齐。

▽ 创新成果总结

利用隔档挡块，让钢筋有了固定的标准，该挡板不仅控制了钢筋的线性，也不需工人对钢筋进行二次检查，提高了工作效率。

金点子：
变换箍筋一体箱

创新人：冯 刚

◎ **现状**

钢筋料共有 26 种,以前都是用斗车装,会把所有物料混合在一起,每拿一个都需要寻找很久,并且工人非常容易拿错,如果位置错了会影响接下来一系列工序,后果不堪设想。

工匠"智"述

以前,工人在后台制作完钢筋料后非常容易拿错,经常有工人遇到各种钢筋料会分不清楚,运输过程中也容易混淆,把物料拿到现场摆放时,安装起来就会更麻烦。为了解决这个问题,我们设计了这个一体箱,把 26 种物料分别归类,并且在每个尺寸的钢筋上标了需要用到的数量,一目了然,即使是新手也能非常快速地找到需要的钢筋。

⬙ **创新成果总结**

该一体箱不仅方便了工人操作,提高工作效率,还避免了因人工出错产生的安全隐患,增加了安全性。此外,分门别类后也让整个场地更为整洁。

小工匠 大智慧 129

创新人：王银徐

年　龄：44岁
籍　贯：江苏淮安
职务/岗位：木工

**金点子：
横隔梁钢筋挡板**

◎ 现状

　　以前，钢筋在浇捣时会产生微小的偏位，钢筋总是互相对不齐。

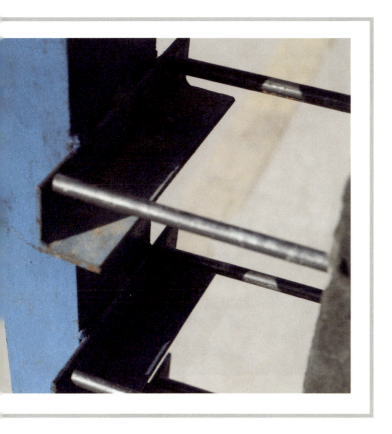

工匠"智"述

每次混凝土浇捣时都会产生震动,这些震动则会导致钢筋左右偏移,于是,我们做了这个横隔梁钢筋挡板来避免钢筋产生不必要的位移。

◇ 创新成果总结

该挡板可防止钢筋左右偏移,不仅能提高质量和美观度,也节约了两次检查和修整的时间。

金点子：
钢筋骨架定位装置

创新人：王银徐

◎ **现状**

以往顶板做完后,整个水平筋看起来不够平直,呈曲线状,且一切全凭工人经验操作。

工匠"智"述

水平筋有 25 米长,要想从这头到那头保持一条直线,确实非常难做到。为了解决这个问题,我们做了定位小车,让水平筋跟着定位走,保证其直线性。

◇ **创新成果总结**

该定位装置既保证了水平筋的直线性和平整度,又减少了施工偏差,提高了工作效率。

金点子：模板小工具箱

创新人：王银徐

◎ **现状**

以前，工人在施工时，总是会把螺栓散落在各个地方，整个工区看起来非常杂乱，且螺栓也非常容易丢失，存在安全隐患。

工匠"智"述

在施工过程中，工区的整洁是非常有必要的。就像我们整理家里的杂物一样，我们在模板边上装配了一个小工具箱，这样就可以把螺栓归类到小盒子里，方便取用。

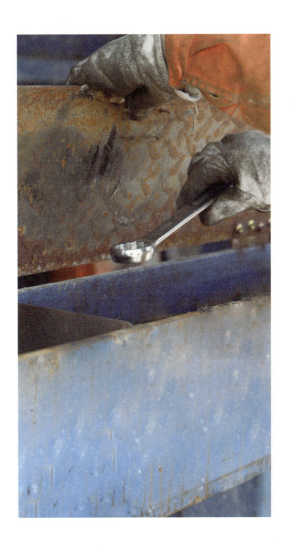

创新成果总结

一个小小的工具箱，不仅减少了浪费，而且提升了工区的美观度，最重要的是，让工人在施工时找取非常方便，提高了工作效率。

创新人：吕继平

年　龄：52岁
籍　贯：浙江嵊州
职务/岗位：安全总监

金点子：
智慧混凝土拌和系统

◎ **现状**

杭绍甬项目要打造平安百年品质工程项目，对于原料的要求非常高，体量也非常大，要控制每批次混凝土的质量和配合比非常困难。

工匠"智"述

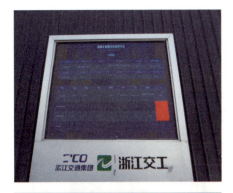

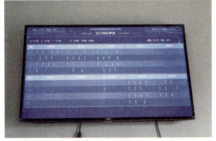

我们将以往靠人工经验完成的混凝土拌和工作交给智慧系统来操作，所有原材料进场以后，会通过地磅，按顺序倒入传输皮带仓，由编程好的皮带机按同原料传送，堆置相应已编号并附有二维码的仓内。工作人员会将原料样品带回试验室进行相关检测和分析。通过检测的原料会自动到达混凝土拌和中心。通过智慧化系统改变传统指令、配料单传递模式，实现无纸化办公，加快审批速度，提高开盘效率，并且系统可有效防止拌和站操作人员误操作，锁定配合比，并对骨料和砂子中含水率进行在线自动检测、自动调整配合比，确保混凝土匀质性，降低混凝土强度标准差。同时，对混凝土出料口进行温度监控，出现异常时及时调整，确保混凝土入模温度符合要求。

创新成果总结

通过智慧混凝土拌和系统可有效减少人工误操作的可能性，同时锁定配合比，并对骨料和砂子中含水率进行在线自动检测、自动调整配合比，确保混凝土匀质性，降低混凝土强度标准差，精确度可达99%。

金点子：轨道龙门吊遥控器人脸识别设备

创新人：吕继平

◎ 现状

钢筋加工棚内有大量的龙门吊，龙门吊的操作一般由一个遥控器来控制，遥控器在不会操作的人手中容易发生安全事故，同时由于存放不合理，可能发生误触事件。

工匠"智"述

龙门吊的操作需要遥控器，东西小容易丢失，并且按键突出，容易误触，导致龙门吊开始作业，而钢筋加工棚内，人员车辆众多，要是误触很容易发生安全事故。为了避免这一现状的发生，我们专门设置了一个轨道龙门吊遥控器的存放盒并且和工地实名制"人脸识别"系统相结合。只有具备操作经验的工人才能打开存放盒，降低误触和非专业人士"瞎操作"的可能。

创新成果总结

设置一个龙门吊遥控器存放盒，能很好地避免因为存放不当导致丢失的风险，并且通过与工地实名制"人脸识别"系统相结合，仅让具备操作经验的工人打开存放盒。

金点子：三级配电箱人脸识别设备

创新人：吕继平

◎ **现状**

以往工地配电箱会采用钥匙锁，钥匙在电工处。但实际工作中，电工会将钥匙交到没有相关资质的人手中，导致不必要的安全事故发生。

工匠"智"述

三级配电箱管理一直是工地的难题，因为工地范围大，但专职的配电工仅有那么几位，常常会"分身乏术"，某些不负责任的电工，会在接到小问题反馈的时候就将钥匙交给工人自行解决，从而引发事故。为了避免这一情况的发生，我们将配电箱和实名制"人脸识别"系统相结合，在配电箱上安装人脸识别设备，仅让具有资质的人打开配电箱，从根源上解决这一问题，并且能记录每一次打开配电箱的情况，方便用电安全的溯源。

创新成果总结

通过在配电箱上安装人脸识别系统，规范用电安全，可从根源上解决没有资质的人操作配电箱的情况，同时，每次打开箱体系统会自动记录，方便溯源。

创新人：郑仲华

年　龄：46岁

籍　贯：浙江衢州

职务/岗位：协助队伍管理人员

金点子：
移动液压模板滑轨式端部侧模

◎ 现状

以前用的移动液压模板滑轨式端部侧模在拆装时，会因不稳定而翻倒，极易造成非常大的安全隐患。同时，因为翻倒这个动作，也会对质量产生一定影响，模板有可能会损坏。此外，以往的拆装方式需要用到门机，也让门机的使用效能大打折扣，对其余工序的进度产生影响。

工匠"智"述

利用很少的资源和经费，我们在原有的侧模上方安装了两个滑轮，在侧模下方安装了两个轨道，一般工人2分钟就可以把侧模拉出来，省时省力。

◈ 创新成果总结

小小的创新，就能让每一块模板都能平稳出模，不仅大大提升了安全系数，还减少了模板的损耗率，保证了施工质量。此外，因为人工就能完成该项操作，不需要使用工区门机，大大提升了其他工序的产能效率。

创新人：李 季

年 龄：30岁

籍 贯：河南三门峡

职务／岗位：项目部安全主管

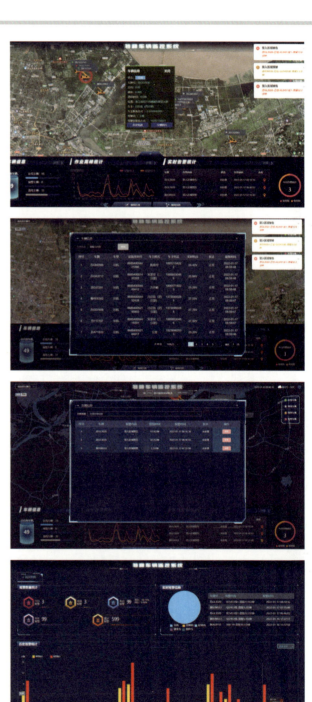

◎ 现状

在安全领域里，特种车辆防外破是一项需要重点来抓的安全工作，特别是施工车辆的施工环境复杂，施工类外力破坏和异物短路引起的跳闸占比较高。

金点子：
北斗定位特种车辆防外破监管系统

工匠"智"述

特种车辆防外破监管一直是安全的管理难题，特别是项目所在地使用的电网规模越来越大、电压等级越来越高、防护压力越来越重，防外破工作压力也越来越大。我们为了解决该问题，利用"互联网+"技术手段与输电线路防外破结合为创新思路，以"线路巡视智能化、外破隐患可控化"为目标，通过给特种车辆安装北斗定位设备，实现了输电线路由"人防"到"技防"转变，防护效果取得了质的变革，运检人员巡防效率显著提高，外破隐患预控水平同步提升。

创新成果总结

通过给特种车辆安装北斗定位设备，实时获取特种车辆的信息（位置、移动方向、速度等），上传至服务器，在系统中根据线路走向形成保护范围（电子围栏），与线路区域面坐标结合，实时在地图上显示移动车辆信息。监测车辆进入保护范围内时，利用智能算法判断车辆出入电子围栏情况，并发送预警、报警信息，及时通知负责人。

创新人：戚国海

年龄：31岁
籍贯：浙江杭州
职务/岗位：机料主管

金点子：
盲区监控系统

◎ 现状

混凝土搅拌运输车存在右侧盲区，驾驶员无法通过后视镜观察到盲区范围内是否有车辆或者行人。

监控画面

🦖 工匠"智"述

随着项目的不断推进，工程车辆的不断增加，车辆的安全驾驶问题也越来越得到关注。信息化时代，我们需要运用现代科技手段来提升工程车在驾驶过程中的安全系数。通过安装盲区监控系统，可实时监测并显示车辆右侧盲区范围内的非机动车、行人，当非机动车或行人靠近时，车外声光报警提示器会马上发出语音提醒，同时，车内驾驶室语音提醒驾驶员注意盲区，通过双向预警，避免事故发生。

创新成果总结

盲区监控系统可及时提醒罐车司机相关安全隐患并提醒罐车周边人员尽快离开风险源，减少事故发生，保障车辆驾驶过程的安全性。

LIANG TI CAI YI

第四章
量体裁衣

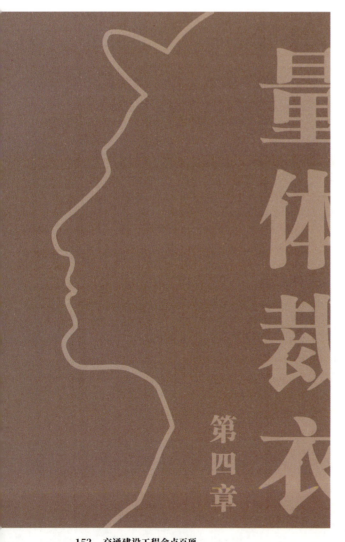

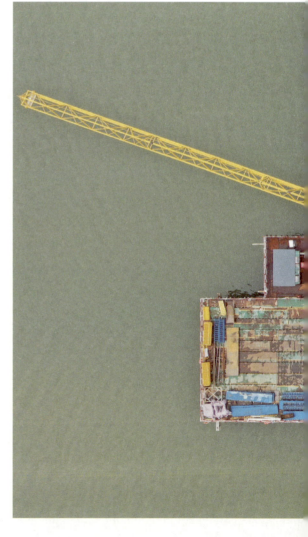

小工匠　大智慧　交通建设工程金点百项

现代管理学中,"木桶原理"有了全新的释义,不仅要补短板实现均衡发展,更要让长板更长,展现扬长补短的精彩。术业有专攻,针对实际施工中的问题"量体裁衣",以问题为导向,以方法为引领,为自身、团队、工程创造更大的价值。

创新人：宋浙安

年　龄：36岁
籍　贯：浙江嵊州
职务/岗位：安全总监

金点子：
安全母绳系列装置——
- 单立杆式安全母绳
- 套管式安全母绳
- U形立杆式安全母绳
- U形卡槽式安全母绳

◎ 现状

桥梁施工中，涉及很多的高空作业，高空作业往往会使用悬挂安全带作为保护工人的手段。但在实际施工中，安全带的使用往往存在各种困难和不规范的问题，比如没有挂钩点、低挂高用等问题，给工人实际施工过程中带来安全隐患。

工匠"智"述

我们分析了项目高空作业存在的各个环节，"量身定制"了单立杆式、套管式、U形立杆式、U形卡槽式四种安全母绳系列装置。

• 单立杆式安全母绳

创新人：宋浙安

工匠"智"述

单立杆式结构较为简单，由主立杆、挂环、安全链组成，适用于贝雷架上，安装分配梁、平台、底模等作业环境。单立杆可与贝雷架孔眼匹配，并用安全链锁住，防止立杆掉出，作业人员可将安全带系在立杆挂环上，在安全带长度范围内自由作业。

◈ 创新成果总结

作业人员在高空作业时，因人在移动无法固定着系安全带，人员存在高空坠落的风险，针对项目特点"量身定制"研发了高空作业安全母绳系列装置，既不影响作业，又能让安全带有挂点，保障高空作业安全。

套管式安全母绳

创新人：宋浙安

 工匠"智"述

套管式安全母绳由主立杆、挂环、套管组成,两件为一套,适用于型钢支架架设、盖梁浇筑等作业环境,使用时,只需要把套管焊接在模板、型钢等牢固结构物上与主立杆连接,主立杆用钢丝绳连接,安全绳可悬挂在钢丝绳上,作业时,安全带可随工人移动自动跟随,既不影响自由作业,也保障了人员安全。

创新成果总结

作业人员在高空作业时,因人在移动无法固定着系安全带,人员存在高空坠落的风险,针对项目特点"量身定制"研发了高空作业安全母绳系列装置,既不影响作业,又能让安全带有挂点,保障高空作业安全。

U形立杆式安全母绳

创新人：宋浙安

工匠"智"述

U形立杆式安全母绳由主立杆、挂环、U形板组成，三件为一套，适用于盖梁支座垫石等墩顶作业。将3个U形板插入盖梁挡块，并进行加固处理，主立杆与U形板相互连接，3个主立杆之间用钢丝绳进行连接，安全绳可悬挂在钢丝绳上。作业时，安全带可随工人移动自动跟随，既不影响自由作业，又保障了人员安全。

创新成果总结

作业人员在高空作业时，因人在移动无法固定着系安全带，人员存在高空坠落的风险，针对项目特点"量身定制"研发了高空作业安全母绳系列装置，既不影响作业，又能让安全带有挂点，保障高空作业安全。

• U形卡槽式安全母绳

创新人：宋浙安

工匠"智"述

U形卡槽式安全母绳由U形卡板、螺杆紧固器组成，两件为一套，适用于盖梁支架拆除作业。使用时，把U形卡板插入盖梁两侧端头，并进行加固处理，U形卡板间用钢丝绳进行连接即可。作业时，安全带可随工人移动自动跟随，既不影响自由作业，又保障了人员安全。

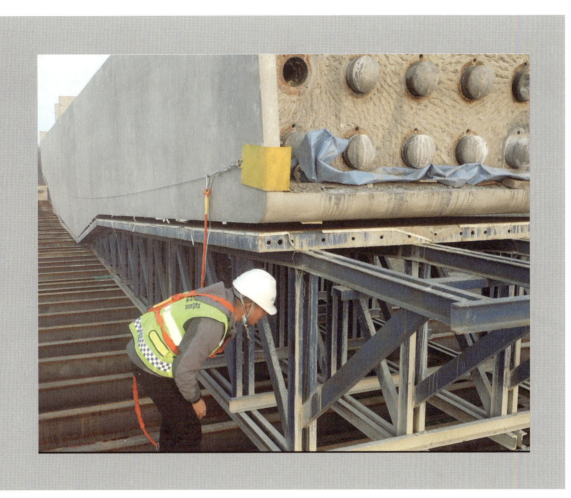

创新成果总结

作业人员在高空作业时,因人在移动无法固定着系安全带,人员存在高空坠落的风险,针对项目特点"量身定制"研发了高空作业安全母绳系列装置,既不影响作业,又能让安全带有挂点,保障高空作业安全。

金点子：工地电线架空支架

创新人：宋浙安

◎ 现状

在施工中，按照要求临时用电电缆一般采用埋地或架空两种铺设方式，两种铺设方式往往占用的场地及空间都较大，铺设方式较为复杂，铺设后不能灵活改换铺设线路，给后期施工平面的布置造成影响，且回收时比较困难，施工费用投入较大。

 工匠"智"述

  按照施工规范，临时用电一般采用埋地或架空两种铺设方式。在实际操作中，特别是野外作业，这两种方式因为投入成本高、操作繁杂、布局不够灵活，给我们在用电安全和施工效率两方面带来很大的困扰。很多时候，工人为求便利，常常会采用直接让电线拖地的方式。为解决这一问题，我们购置了临时电缆架空支架，支架能有效地将工地的电缆架空20～30厘米，并且可灵活地将电缆架设至用电地点，回收便捷，极大提高了施工临时用电的电缆铺设效率，降低了施工成本。

创新成果总结

  施工用临时电缆架空支架，结构简单，使用方便，能有效解决野外工地临时用电电缆铺设不规范的问题。

创新人:吴宇奔

年　龄:27岁
籍　贯:浙江仙居
职务/岗位:工区主任

金点子:
预制 T 梁二次养护棚

◎ **现状**

　　传统梁板养护时,需人工辅助洒水,存在漏洒、少洒现象。

工匠"智"述

为了确保梁体混凝土强度增长,防止干缩及温度裂纹产生,需要在混凝土浇筑后采取一些保温和保湿措施。这个二次养护棚在每个养护棚内安装了4台行走电机,可在梁板吊装时自动开合,同时通过棚内顶部设置的喷淋管道实现预制T梁智能二次养护。

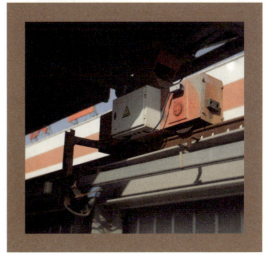

创新成果总结

该养护棚提高了预制混凝土T梁养护效率和养护质量。

金点子：
移动台座梁板抗位移挡板

创新人：吴宇奔

◎ **现状**

移动台座行走时,梁板常常容易发生横向位移,会造成安全隐患。

工匠"智"述

采用型钢焊接制作挡板,利用对拉螺杆紧固挡板,从而将梁板与移动台座进行稳固联系,避免了台座行走过程中梁板横移现象发生。

◈ **创新成果总结**

设置该定位挡板,可有效消除因台座行走时产生的梁板横向位移,提高梁板行走安全系数。

创新人：吕　洲

年　龄：26岁

籍　贯：江苏赣榆

职务/岗位：安全科副科长

金点子：
液压模板专用通道改良

◎ 现状

原有的液压模板上下专用通道安全性能不高，防护器具等不够齐全。

工匠"智"述

上下专用通道是工人需要每天经过无数遍的通道，这里的安全性必须要有所保障。因此，我们根据模板顶推系统安装及开合模作业动态，对原有上下专用通道进行改良，加装了悬挑平台、增设活动门作业防护转换。

◈ 创新成果总结

通过加装悬挑平台、增设活动门作业防护转换等方式，达到更安全、合理的实用性效果。

创新人：孙九龙

年　龄：27 岁
籍　贯：山东东营
职务/岗位：机料科科长

金点子：
智能物料验收系统

◎ 现状

施工现场物料进场需要进行称重并记录数据。施工高峰期，每天有超过一千辆车进出工地现场。工作人员不仅需要现场填写各项数据，还需要将材料名称、供应商名称、材料规格、毛重、皮重、净重等信息全部手工录入 EXCEL 表格，形成电子台账。在这一过程中，过磅员难免因为疏忽造成数据错漏，进行电子录入时返工或者复核都是对人力的大量消耗。

工匠"智"述

引入电子系统，在数据发生的前端就采用电子手段记录，可以降低对人工的消耗，将工作人员从重复的岗位中解放出来。前期项目部引进了其他公司使用的物料收发系统，但缺乏车牌号识别以及顶端位置的监控，对工作人员搜集车辆信息、检查物料种类造成不便。同时，部分车辆可能会在重量上做手脚，为了避免这些问题，我们将这一系统进行了更新，成为一个新的智能物料验收系统。首先，加装前后红外线感应，规范车辆停驶在地磅规定位置。同时，不仅记录物料重量，还会留存车辆空车信息，数据抓取后全部保存在云端，经过计算后，如果空车重量出现一个较大的偏差，会在系统中自动弹出预警信息。此外，每天的物料数据还可以从系统中直接导出。而每辆车都会形成一个过磅单作为票据凭证，通过扫描上方的二维码，就可以实现进场出场图片的信息追溯。

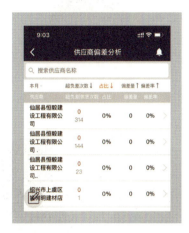

创新成果总结

智能物料验收系统实现手机端 App 使用，实现物料进出场的全流程追溯，防作弊系统也为项目部节约成本提供了助力。同时电子台账的智能导出也为无纸化办公提供可能。从安全角度考虑，超重的运输车辆也会在进场时出现预警信息提示，便于监督运输车辆驾驶员的规范操作。

创新人：陈一才

年　龄：59岁

籍　贯：浙江诸暨

职务/岗位：项目支部副书记

金点子：
限高防护棚

◎ 现状

　　杭绍甬项目马鞍1、2号桥，上虞2号桥等工点两侧存在大量高压线，因而项目施工存在限高的问题。实际作业中，可能因为现场施工人员操作失误，突破限高点，发生触电隐患。

工匠"智"述

两侧的高压线横穿项目,对于机械设备的高度有着很"硬"的要求。一旦超过限高点,加上机械设备以金属材质为主,随时会发生触电风险。为了避免触碰高压线净空范围,我们通过收到"警戒线"提示的启发,设置了限高防护棚,将高压线净空范围和施工区进行"硬隔离"。限高防护棚由立柱和钢丝绳作支撑、尼龙绳作封网材料的防护网构成。防护网上设置了红、白、蓝等醒目颜色的小锦旗,能很好地警示下方设备对于高度的把控。

创新成果总结

限高防护棚能有效警示作业人员进入限高区,并且在限高区内作业,能更好地把控设备高度。

金点子：
可折叠挂篮施工平台

创 新 人：韩成功

年　龄：30岁

籍　贯：江苏盐城

职务/岗位：指挥部安全处主管

◎ 现状

桥梁施工中，在完成预制箱梁架设后，需进行湿接缝施工，使梁板之间形成一个整体。由于桥梁施工属于高空作业，桥下往往不便架设支架，通常会采用梁底制作施工平台施工、挂篮施工、升降机械形成操作平台施工三种施工方式。

制作平台和挂篮施工存在安装拆卸步骤烦琐、体型大、施工效率低的通病，成本也相对较高，而升降机械施工需要额外购置大量升降机械，成本高，并且设备容易受到场地环境影响而无法使用。

> ❝ **工匠"智"述**

出于从成本和便捷角度的考虑，决定对挂篮施工法进行优化。通过对常规的挂篮进行模块化思维拆解，借鉴盖梁施工作业平台的结构远离，采用槽钢与钢筋焊接、加工，钢筋可作为护栏保障作业人员安全，亦可作为临时爬梯方便作业人员进出。槽钢与钢筋一侧连接部位统一采用活动接连方式，可实现平台的折叠，方便平台的安放和携带。该方式很好地避免了挂篮自身体积巨大、存放不便、整体活动性差、对机械要求较高、施工效率低的缺点。

创新成果总结

可折叠挂篮施工平台充分保障了湿接缝施工中工人的安全，并解决了常规挂篮施工的弊端，即满足安全施工需要又为工作人员提供了安全的上下通道。

**金点子：
可拆卸式简易水马**

创新人：方庆林

年　龄：27岁
籍　贯：辽宁大连
职务/岗位：安全科科长

◎ 现状

项目所在的红十五线是萧山区内主干道之一，日均车流量达到5万辆次，为降低施工对居民出行的影响，我们要先修建一条便道供人们出行，为此存在大量交通导改的工作，而常规的水马体积大、笨重，不方便携带安装，给我们交通导改带来了巨大的压力。

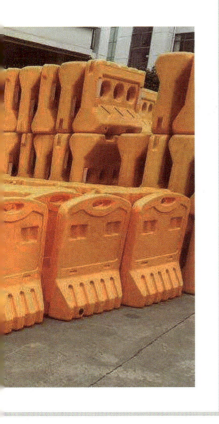

工匠"智"述

作为红十五线便道导改工作的现场负责人,每天都要设置水马。为了确保安全,我们采用锥形帽和混凝土+波纹钢护栏的方式。锥形帽不安全,混凝土+波纹钢护栏笨重不方便,每次都需要3~5名工人,一干就是一上午,工作强度非常大。为此,我们借鉴了公路养护的做法,采用可拆卸式简易水马替换以往的混凝土+波纹钢护栏,该水马具有便携的特点,到现场后灌装水或泥沙,仅需2名工人1小时左右就能完成一个点位的水马放置,安全也有保障。

创新成果总结

采用可拆卸式简易水马替换常规的锥形帽和混凝土+波纹钢护栏后,大大降低了工人的作业强度,减少了人工消耗,同时安全也有保障。

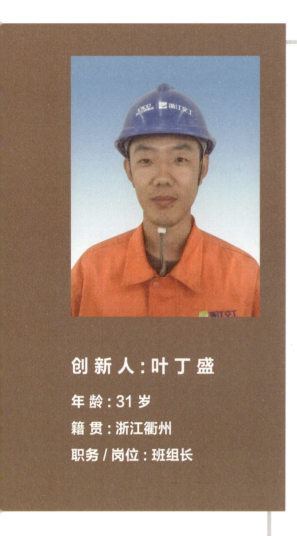

创新人：叶丁盛

年　龄：31 岁
籍　贯：浙江衢州
职务/岗位：班组长

金点子：
多功能张拉挡板

◎ **现状**

张拉挡板现有的防护功能有限。

 **工匠"智"述**

原本的张拉挡板已有一定的防护功能,但因为施工现场经常会摆放一些杂物而又无处归置,于是,我们就想到了在传统张拉挡板设计上增设储物箱。这样一来,平时随手就能把一些工具及需要用到的杂物放在储物箱内。

◈ 创新成果总结

设置多功能张拉挡板既能保持原有张拉防护功能,又增加储物能力,提高现场施工作业的工作效率。

金点子：
厂区语音播报系统

创新人：叶丁盛

◎ 现状

厂区内环境嘈杂，经常有噪声，且场地范围大，来回走动不方便，缺少实时沟通的渠道。

工匠"智"述

在这么大的厂区工作，从这头跑到那头需要耗费相当的体力和时间，并且施工噪声很大，和工人们沟通非常不方便，经常听不清对方在说什么。因此，我们在厂区内设置了这个语音播报系统，方便上传下达。

◈ 创新成果总结

该播报系统不仅可以及时传达通告重要事项，还能在上下班时进行语音提醒以及播放音乐，体现了人文关怀。

创新人:虞天明

年 龄:56岁

籍 贯:浙江杭州

职务/岗位:协作队伍管理人员

金点子：
立柱制作施工平台

◎ 现状

杭绍甬项目工期紧、任务重，杭绍甬 5 号三集中场站作为提供施工现场钢筋笼的预制厂，钢筋笼制作压力大。班组现使用的立柱制作平台较为零散、占地面积过大，使用时需要临时吊装拼接，稳定性差，效率较低、不易操作，需要浪费较多的人力和物力，场地杂乱，不符合标准化管理的要求。

金点子：
立柱制作施工平台

创新人：虞天明

工匠"智"述

作为一名安全管理人员，现场看到施工人员临时拼装的立柱制作平台时都提心吊胆，生怕平台不够稳定，引起侧翻伤及现场作业人员。三集中场站一直是标准化管理的重点，标准化要求高、施工任务重，钢筋加工厂标准化管理多次出现这一问题，一直没有改观，为此项目部也想过平台加设扶手等方式，效果并不理想。每次要求整改，班组人员十分不情愿，自己私下也多次针对这一问题进行思考，想到也许通过制作相应的立柱制作平台，以有效解决这一问题。通过制作稳定的立柱作业平台，不仅可以提高工人作业的安全系数，还可以提高立柱钢筋笼的制作效率。同时，规范化钢筋笼制作平台可以有效避免制作区域摆放混乱的问题，积极响应指挥部提倡的班组标准化管理要求。

创新成果总结

立柱制作施工平台具有结构稳固、效率高的优点，可有效提高立柱制作效率，安全稳定，同时还可有效避免零散的立柱制作平台因结构不稳带来的安全隐患及场地摆放混乱的问题。

创新人：袁建富

年　龄：38岁

籍　贯：浙江龙游

职务/岗位：三集中钢筋工

金点子：
承台钢筋笼制作平台

◎ 现状

杭绍甬项目全线桥梁工程占比达到 95%，存在大量承台钢筋笼的制作。采用传统的承台钢筋笼制作平台无法满足，不同尺寸的钢筋笼需要不同的制作平台，浪费精力、空间和时间。

工匠"智"述

项目刚开工时，承台钢筋笼生产效率这个问题就一直困扰着我们。特别是仅 26 个月的工期，采用传统的制作平台无法保障在规定工期内完成，并且项目受到钢筋厂场地的影响无法搭建很多的制作平台。有些工人为了便利，随意搭建架子，无安全保障和质量保障。承台钢筋笼制作平台采用型钢制作，设置了钢筋间距定位卡槽和定位卡尺以及滑轨，能根据不同的钢筋间距装配不同的卡尺和滑轨。制作平台设置了人员上下通道、上层钢筋绑扎平台和上层钢筋架立支撑，保证钢筋绑扎高处作业和承台钢筋笼内部绑扎作业的安全。承台钢筋笼制作完成后，通过钢筋间距定位卡槽折叠和定位卡尺抽出的方式，将制作完成的承台钢筋笼从制作平台中取出，采取起重设备整体起吊的方式运输至施工现场并安装，做到模块化、标准化生产，提高生产效率和质量，落实安全生产工作。

创新成果总结

采用装配式钢筋笼制作工作平台，结构稳固、综合成本低、能适合各种钢筋间距的承台钢筋笼的制作，与传统固定式的制作平台相比较，可以省下大量的空间、时间和财力。同时能有效避免单个类型承台钢筋笼数量少而浪费过多材料资源的问题。

创新人:权永泉

年龄:25岁

籍贯:江西吉安

职务/岗位:机料科科员

金点子:
梯笼基础混凝土预制板

◎ **现状**

无论是基坑、立柱施工还是梁板施工,工地现场最重要的上下攀爬通道就是梯笼。而梯笼安装需要硬化完成的路基作支撑。杭绍甬项目部分路段是从黄土地中建设起来的,为安装梯笼而硬化土地,在后期地面道路建设时,还需要重新粉碎、挖出。

工匠"智"述

梯笼是可以拆卸移动的,如果硬化的地基也可以移动,就可以减少对路面的破坏。同时,工地现场对现浇混凝土的用量无法做到精确使用,空置一定时间后的混凝土会发生离析现象,无法用于施工。我想到可以利用这部分混凝土提前浇筑预制板,作为梯笼的基础。

◈ 创新成果总结

采用梯笼基础混凝土预制板,梯笼安装可以随时在满足条件的预制板上进行,节约了等待硬化的时间,同时实现材料的废物利用,节约了施工成本。

创新人：朱江洋

年　龄：28岁

籍　贯：浙江仙居

职务/岗位：机料科科员

金点子：
洒水车前置自动冲洗装置

◎ 现状

  项目施工现场不可避免会堆积大量刚开挖出来的泥浆、洞渣，同时往来穿梭的工程车也会在转运途中掉落这些泥渣，带起大量烟尘，对周边环境污染很大。传统洒水车出水点位都控制在车辆底部，且水流较小，通常只能达到湿润地面的目的，不适合工程现场的洒水工作。

工匠"智"述

项目部往来工程车掉落的泥渣,在车辆反复碾压之后,传统的洒水车是无法清洗去除的。我首先联想到高压水枪,同时考虑到冬季天气逐渐寒冷,如果洒水工作可以在车厢内完成,不但无须下车人工喷洒,也为工作人员改善工作环境。同时,我注意到目前消防系统大批量应用消防机器人实现危险火灾情况下的救援工作。针对上述问题,我首先抬高洒水车上喷嘴位置,实现180度旋转喷洒,扩大洒水范围,又通过电力改装实现遥控器控制喷水嘴运动和水流。通过改造后,进一步落实绿色环保、文明工地建设的要求。

创新成果总结

改变喷头的运动范围、增加喷头的水压,达到扩大喷洒范围、消除特定点位污泥的目的,提高了降尘冲洗的效率。同时利用遥控实现远程遥控,驾驶员坐在车中就可以针对固定点位进行冲洗,提高了工作效率。

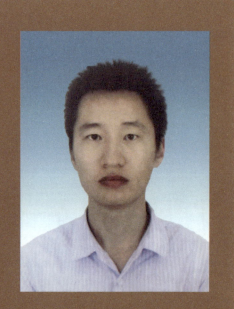

创新人：程晓明

年龄：25岁

籍贯：江西景德镇

职务/岗位：机料科科员

金点子：
钢筋总根软件

◎ **现状**

　　施工现场的钢筋按照一捆100根的数量存放，但一捆不可能完全同时使用，物料核查人员对于已经使用部分的钢筋捆需要人工清点数量，费时费力。

工匠"智"述

其实我们的钢筋材料类似于银行现金的整理方式,对于已经使用的零散钢筋,我们也需要一个点钞机类的工具,辅助工作人员完成数量清点。钢筋总根软件通过拍摄钢筋照片,就可以智能分辨出画面中包含的钢筋数量,为工作人员减轻了负担。

创新成果总结

钢筋总根软件的使用,极大提高了工作人员核验的速度和准确性。

创新人：胡慈波

年　龄：46岁

籍　贯：浙江宁波

职务/岗位：指挥部安全处主管

金点子：高空作业工点设置专门清理区

◎ 现状

施工现场往往会出现工具乱摆放、垃圾不及时清理的情况。虽然有规章制度要求现场场清料净，但因没有专门的区域存放物品，导致工人习惯性的将物品"随手"放在施工区域内，导致制度无法有效执行。特别是高空作业，物品乱摆放易引发高空坠物，从而发生安全事故。

工匠"智"述

参照杭绍甬项目三集中场地"6S"管理理念（整理 SEIRI、整顿 SEITON、清扫 SEISO、清洁 SEIKETSU、素养 SHITSUKE、安全 SECURITY），在各个工点、特别是高空作业工点设置专门清理区，用来摆放工人的工具以及生活垃圾，有效避免了安全事故的发生。

创新成果总结

专门清理区可以让工人自主地将工具、生活垃圾等存放到指定区域，达到文明施工的目的。

创新人：王 寅

年 龄：51岁

籍 贯：浙江绍兴

职务/岗位：安全总监

金点子：龙门吊超声波防碰撞装置

◎ **现状**

　　厂区内龙门吊数量较多，人员较密集，两者非常容易发生碰撞，造成安全事故。

工匠"智"述

车间门吊支腿前端设置超声波传感器,可自动检测一定范围内的障碍物,触发 PLC（可编程逻辑控制器）控制龙门吊自动减速刹车。

创新成果总结

小小的防碰撞装置,利用超声波原理,可避免挤压、冲撞等安全隐患。

创新人：彭 洁

年　龄：47岁

籍　贯：江苏连云港

职务/岗位：安全员

金点子：
交叉路口安全信号感应灯

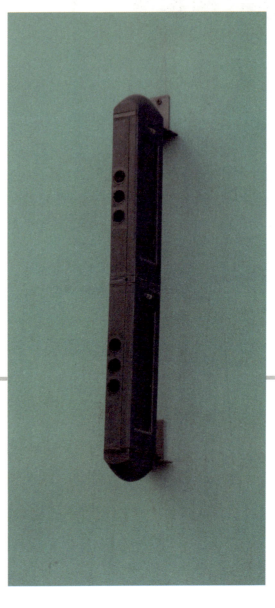

◎ 现状

三集中场地内道路车辆进出较多，人员密集，非常容易发生碰撞等安全事故。

工匠"智"述

三集中场地内车多、人多，如同平时的马路。由于大型运输车辆、工程类车辆往来更频繁，给项目安全带来了隐患。于是，我们想到了可以参考现有的马路交通系统，安装一个类似交通信号感应灯的装置，为厂区内的交叉路口做安全引导。该交通信号感应灯可通过高度感应自动改变交通信号灯颜色。同时，在车流量大的时候，在交汇口设置交通督导员，确保厂区内行车安全。

创新成果总结

在路口1.8米高度位置设置感应装置，车辆通过时可自动改变交通信号灯颜色，增加路口行车安全性。

创新人：赵建富

年　龄：51 岁
籍　贯：浙江兰溪
职务 / 岗位：安全员

金点子：
顶板端部钢筋定位装置

◎ 现状

顶板端部外露钢筋间距不准确，外露长度参差不齐。

工匠"智"述

采用型钢并按照顶板端部外露钢筋尺寸设计图纸,制作卡槽及挡板一体式定位装置,确保外露钢筋间距准确、长度统一,同时在装置底部设置滑轮方便使用操作。

创新成果总结

通过该定位装置,确保梁板端部钢筋处于同一截面,保证外露钢筋间距准确,线性美观。

创新人：吕 洲

年 龄：26岁

籍 贯：江苏赣榆

职务/岗位：安全科副科长

金点子：
桥面系施工可移动防雨/遮阳棚

◎ 现状

杭绍甬项目处于长三角地区，该地区温暖湿润，热量丰富，雨量充沛，梅雨季节时间较长。由于项目时间紧任务重，若焊接施工受到雨水天气影响，会影响工期。并且夏季高温天气，酷暑难当，工人直接暴露在太阳下施工有中暑风险。

工匠"智"述

参照预制厂内焊接区域固定的防雨/遮阳棚为思路,将其简化后搬到了桥面系上,使焊接作业不用受小规模的雨水影响,并在底部设置轨道轮,让其在桥面可自由行走,还设置座椅,使工作人员作业更加轻松。

创新成果总结

桥面系施工可移动防雨/遮阳棚在保障工作不受影响的同时,可大大提升工人作业环境。